## 李兆生先生简介

李兆生先生乃百年不遇之奇人，诸艺精绝，于传统文化造诣极深，先生善书画，精武学，文武兼备，功力超常。对传统文化中之沧海鸿迹、金石铭篆，古鉴典说、刀碑板刻，诗文楹语、品饰民俗、服食药饵、易理术数、旗幡剑令、武械金锋等诸方面，有惊天绝学。

——《翰墨缘》

李兆生先生拳照

1999年，在广西南宁举办《翰墨艺术成就展》时与邵华将军合影

在中央电视台《中国风神兵武库》节目中作嘉宾，畅谈武术

在冰天雪地的哈尔滨演练太极拳

# 新版中国循经太极拳二十四式教程（上卷）

李兆生　著

人民体育出版社

**图书在版编目（CIP）数据**

新版中国循经太极拳二十四式教程. 上卷 / 李兆生著. -- 北京：人民体育出版社，2017（2024.7重印）
ISBN 978-7-5009-5118-6

Ⅰ. ①新… Ⅱ. ①李… Ⅲ. ①太极拳—教材 Ⅳ. ①G852.11

中国版本图书馆CIP数据核字(2017)第017266号

*
人民体育出版社出版发行
三河市紫恒印装有限公司印刷
新　华　书　店　经　销
*
850×1168　32开本　10印张　210千字
2017年9月第1版　　2024年7月第2次印刷
印数：4,001—6,000册
*
ISBN 978-7-5009-5118-6
定价：40.00元

社址：北京市东城区体育馆路8号（天坛公园东门）
电话：67151482（发行部）　　邮编：100061
传真：67151483　　邮购：67118491
网址：www.psphpress.com
（购买本社图书，如遇有缺损页可与邮购部联系）

# 序

随着科学的日益昌明，人们在探索自然而使物质文明极大丰富的过程中，不断地追求完善和净化自我，对健康也提出了更高的要求，回归自然正是时代的心声。纵观人类文明，中华民族在完善和净化自我方面为人类作出了很大贡献，留下了很多宝贵遗产。

早在两千多年前，老子便提出了“道法自然”，教化人们要效法自然，顺应自然。“道法自然”的脉系，塑造了无以数计的真如前贤，他们以自身的经历，在人们心中留下不可磨灭的痕迹。人类在发现“天垂象”的漫长岁月里、同时以“天垂之象”铭证古今，以日月循天之理拟比人身气血循经，这种人天合一的律历、息脉，一直在人身本体内产生使人类进化的作用。人类走向文明，医学、历法、天文、气象、丹砂、药物、武学等，都是伴随着人类进步留下的足迹。

“天行健，君子以自强不息”，正是前贤对宇宙自然规律性的观察，并以此向人们述说做人的道理。人身的气血循经则是人身中的自然属性，也正如“天行健”所描述宇宙的规律那样，十二正经如水火相推，如环无端，运化在其中的则是人身中的元气。若是违背了自然，则产生了人的种种疾病和痛苦，直至气绝而亡。故而先贤种种造诣无不以接近于天垂之象的循经为准则，以使人们远离疾苦、颐养天年而得享天然。

回顾悠久的历史，太极拳作为中华民族的瑰宝，不仅是广为人知的太极操，而且先贤赋予其深刻的内蕴。内操的循经是人的自然之性，正如日月之经天，是悠久岁月中人类走向文明、回归自然的缩影。太极拳之循经内练使人们体会身体中气血的运行、流速、脉道，从而体会太极之理、自然之情……从太极拳的操练中，不只是学习太极拳的动作，而是通过动作来完善人类自我，是统一、净化自我的开始。

今天人们对健康的追求也应依照过去前贤们留下的痕迹，因为这是历经岁月烟尘而不能掩遮、消失的痕迹。现在人们提起循经，多由于其传统文化的不足而畏其艰深，或苦于无从下手而纸上谈兵。太极拳循经内练就其操演而言，并不像人们想象的那样简单，因为经脉是人体中的自然现象，人的一举手、一投足无不影响着人的经脉中的气血运行。对于太极拳而言，只要能按照标准正确地操练动作，人身中的气血则自然随着太极拳的操练而按照循经来循行。现代人由于生活受到环境的限制，或缺乏认真的精神而忽略了动作的精确性，或因生活的奔波而疏于操练，虽操练太极拳而未能得之三昧，深谙循经内练之妙用，而误认为前人多作虚妄之谈。对于太极拳的循经内练，若果能深得其中之精髓，首当其冲则是个人身体受益。在日复一日的操演中，身中的气血随着动作运化于全身，宣化肝脾，明显地增加饮食，增进水谷之气对人体生命的保障，疏通经络，从而推动着人的生命活动之根本——真元之气润泽周身，使之“元气润大千，周野全四极”，五脏六腑都受到真气的温养，乃至真华外显，使每一根毛发都受到润泽。随着真元之气的饱满，“元气俱足而诸邪俱退”，也就远离了疾苦。同时“五脏坚实而使人长寿”，自然而然就能益寿延年。伴随着体质的改善，在领略到“道法自然”的魅力之后，人的精神面貌也随之焕然一新。通过持之以恒的锻炼，并且经常用一种积极的心态来改善自我，人的灵魂自然得到升华，能更积极地面对人生的风风雨雨。循经太极拳秉承宗风教化，谱文齐备，唱颂雅言，内含诸多学识，能使学人在锻炼之外领略宗风神韵，补充其缺少的传统文化，实有一箭双雕之效果。

# 目 录

# 第一章　太极拳的演化历史

公元前三世纪的神仙学说一直是人类向往自由的神话理想，秦始皇派大臣率数千人去海外仙山寻长生不死之药。公元前二世纪，佛教进入中国，当时一些学者为同佛教分庭抗礼而成立道教，在神仙学说的基础上，推老子李耳为道家道教的始祖。唐代，佛教密宗传入中国。宋元时期成为武林内功的鼎盛时期，分列为武当、少林、昆仑、华山、天山、雪山、千山、峨嵋、崆峒等九大派系，有“九派至尊隐江湖”之说传世。后来“修真”成为“九宗共仰”之学，至今尚有“真元修真法”及“丹成九转图”流授于世。

在社会上武林风范、修真修为的漫波之中，在“九脉雁阵”的海潮里，太极拳只是一种小操持之作为。由于后来历史上的五百年封真，宗风遁迹，隐形江湖，才给了太极拳传播的机遇，太极拳的生命成为一道灿烂的彩虹，超越时空，为今天流下了深刻的影响。

## 第一节　太极拳的问世

明代在国学史上是辉煌时期。就太极拳而论，明代也是一个特异的岁月。明代以传统国学为代表的民族文化空前绚丽，太极拳的权威代表人物张三丰祖师，将内家学脉创后来宗风，开一代先河。人称张三丰祖师创太极拳弘扬天下，尊崇张三丰是合于情理的。在武当的门派之中，太极拳也是一个门户，是相间于自然门与金门的修为。从史学参真而言，太极拳尊张三丰为开山祖师，是指张三丰将唐代传之先天太极拳纳合于丹道，融武学丹道于一物，故使太极与丹法合参之共性，归于参同周易。丹道以静潜动，太极为拳，以动循“易”之律，而经化乾阳。因而武功参同修真，再造血肉神魂，使太极拳有了一个超越空前的崭新生命，使太极拳开一代先河，作为内家一脉而传于后世。

太极拳自明代以后纳入武学、丹法，内循经脉、外操形骸。“在人类的历史上始终存在着一种巨大的隐藏力量，这些力量在时间的作用下，有的继续发展，有的予以淡忘。这种人类所特有的力量中，交织了多种学科的相互渗化。”（《翰墨缘·中国丹道家饰文艺术·序》）明代张三丰创太极，使太极拳弘真传世。从此时起，明代以后的太极拳的传续昌盛弘达。这个时代也正是太极拳传世走向演化发展的开始。

张三丰承袭“内以养生、外以却恶”，而以“内执丹道、外显金锋”示之后人。古人指出，“心生念，念欲成物。”天地阴阳造物，形成大千世界。故修真以“净化身心诸念”为律，全形之作为，圣人习之，贤者则之，留下“登顶行圣”之法。古人综上所涉，由悟彻始，追溯以往，以“极致所终”为悟的方法。当时均伴以天文、地理、气象、医药、炼丹、诸学为一定课识。故丹道以内操而形成体态的改变，则仙家炼精化气以充形，炼气化神以充慧，炼神还虚以证道法自然。太虚合道，返璞归真而已矣。

可见张三丰师祖乃是致力于丹道，而太极拳乃丹家外形有术之操修。其传承也是如此，有宗传，有泛传，各居次第层次。虽然是太极拳之传宗，也必然要涉及丹法内操与外现有形的专持。

就太极而论传次，张三丰祖师传张松溪、张翠山、王宗岳，这些是太极拳在社会上有影响的法脉。尤其是王宗岳后传体系，在近代太极拳的运动中有较深影响。除此一脉而外，还存在着更重要的丹脉宗风的流传。这便是隐于武林，鲜为世人所知的六脉太极传真。

## 第二节　六脉太极传真魂

在九脉合真之后，武林宗脉的传袭起了变化。明代九脉合真的创举，使国术与武学修真进入到划时代的顶峰时期。先贤们将其“一脉真谕系嫡传”的宝藏，封存石壁。“上可承启千古先贤之哲道，下可以统元传世示之后人”，“从此大千传宝藏”。在辉煌璀璨的学术运动之后，“万法归宗”这一脉真谕开始慎重传世。此刻也是“封真五百年”的作为开始（参见封真文化）。两百年后，在武林中又“封法三百年”。前者是指“等闲深藏石室内，有缘得悟旧华豁”，“统元并传修真本”之道法（概指修真丹道的精传）。后者是指“由武入道”的内功，通向修真、气化内操的修为。至于古人为什么“封真”，采取“封真”的方针是在什么历史条件下确立的，这是笔者在“封真文化”脉流的续笔中所要书写的内容。这段史实为后来留下的影响，则是武林宗风由九脉合真而后，转入九脉流真的渗淡局面。九脉合真而后，“封真”随之响彻武林，武林中的宗风脉传多做隐真，潜形江湖，遁迹山野，匿人事，尽天年，一时宗风暗淡。

当年武当山曾有封法五百年的旧传（其中脉传武学封法三百年），其终止时刻是公元一九八四年甲子计年正月初一丙寅日之时。这些旧传之说无须究其子午，均是过去历史上的传痕（参阅《白鹤真人羽化全真神图·说真》），亦如历史文献的记载一样，已成旧传经传的典律……

笔者还是以旧传说旧传吧。修真而事仙的史实，并非像不周山之遥想天真。历尽岁月、经过日月消磨的修真，确是史实的真况。真元法脉，由明而后封真石壁，已成旧迹。若从先祖当年“石壁封真”、封法五百年不传的遗训时起，古传的这些“真宗法律”、古鉴养真之学，虽有盖世之楷范，亦只可嫡延其宗，不能使世人泛知其博大，概闻其深邃，致使失传断代至今。

“九脉流真”泛指各有嫡传，匿藏而修的脉系，在宗风隐迹的时刻，有的直接转入藏真之域，有的一时难以入流潜行。前者无可非议地转入封真的天地之中隐承其学，后者因宗风密持，将脉学具传的神功敛形，绝迹于世而操修。这则需要在修为的形迹上改良，转化风格。内功精习者必需内通气脉，有绝技怀真者又要外敛形迹。内通气脉是使行丹道淘尽人生岁月的隐真，不失脉学，又要行气练真以延宗。外敛形迹使得武林绝技不能每日尽情操修，先贤老少皆掩其行藏。一方面要复传武道，另一方面又要享尽天年，基于这两方面的原则，武林才在学风的修为上脱化出六脉太极之体系。

六脉太极，是应合“封真”的需要，将神功绝技改良为之，名为先天太极六脉。其风格是纳武于丹道，以太极阴阳、刚柔、动静为体。内有循经而尽丹道之为，外敛行迹复享天年之伦。形式上由二仪而生三才四象、五行八卦，操之而出。这种内外互含、各有行藏的太极修为渐成面貌。改良后的新生命，其内求则循经日月，尽丹道之为。外行则是收敛行藏以图天年之道永。即化险绝为平和，化刚强勇猛为柔缓。中含先天一脉，顺阴阳而升降，修四时而为真，演外形而重内操，精神气血神息为用，阴阳有象之形汇在乾坤坎离之中。时太极为体，混元为迹，这是当年六脉行真的先天太极拳之特点。此六脉乃混元太极、龙虎太极、如意太极、乾元太极、浑天太极、先天太极。

封真后的正宗沉砂隐迹复使太极六脉出现。先贤们概言之为先天太极，一是蔽人耳目，二是自娱其真。这样先天一脉流传，其风格依然不减宗风神采，以缠经、循经内敛、技击为誉。技击乃武林遗风，内操为丹家潜流。

六脉太极经演化，流传于武林。多数人少壮之年勤操争杀之势，壮年之后身心学为渐渐经养，故由武而及修身。神仙气重，多操内敛内养。武林宗风分化期于必然；或流泛化于俗，渐为民间传承；或流潜迹山野，精修武事；或流以武参真兼于道学；或流事仙而融武持，故有仙道禁法并传武林。诸流之承均以气养形骸，外积功果，而事济疾苦于苍黎，因果受不一，始有诸种风范传之于世。太极风范乃是泛传于武林的修为，一则保其身心之经养，二可隐行迹于世间。又有后学之人，艰辛操持，武林密持之行经渐藏，这是武学流于俗而泛化的历史依据。是封真而后，武持渐文，当年的仁贤在武学风范改良的时代，敛行藏于寓居，操笔墨而拭文风，多将绝学笔传神韵。因此，以文论武之风渐兴，故使这个时期的文风渐盛，多少人留下笔墨诗文纂记传承武林。就此而论，泛化于这个时期的宗传，每见文笔佳作传之。按此修为，凡是宗风脉持的传真，若无文笔之修为，岂可言宗，定是平川俗子而舞，泛传流弊，不可以宗风论。这便是这个时代的特征。这个时期的笔墨翰影皆尽当时之艺苑，隶属明代的文采风真。今天考证斯学，更要以此为原则依据，将其修为泾渭分别，以分次第。

延顺时间的次序，下一段的岁月则是“星野时期”，正值明末清初之际，社会动荡，人事纠纷，朝野烘蒸。武林宗风潜迹而后，江湖武坛又是几度的风云际会。

## 第三节　中国近现代太极拳的历史

国术上出现的九脉沉砂“星野时期”，是指宗风潜迹，散流泛化为真的岁月。这个过程中各家风格风起云涌，有代表性、有影响的则是杨露禅。他将太极拳中的武学传承下来，同时又传播于社会，留下健身、松软的风格，乃至众多不肯下苦功夫习武的人也能热衷于太极。这一点不能不说是杨露禅的努力。同时社会上各家流行于世的太极拳创始人，又大多是杨露禅的徒弟。这样看来，杨露禅在太极拳的近代史上不能不说是一位有代表、有影响的人物。相对而言，那些言祖而不言师，清守旧律，不肯看门护院，不去保镖，不为斗米折腰，渴死不饮盗泉之水的仁真大贤，甘守武事丹学，为宗风脉袭，历代艰守洞天，世人并不知道。但是这些操持旧律的修为，毕竟是今天研探宗风脉传急切寻找的种子。

随着时间的推移，这几家有生气的流派代表人物，遂而成为民间的拳师、老武术家，师徒相袭，惨淡经营。从当年张三丰祖师开脉，至当今的局面，则是泛化为俗的阶段。这个时期太极拳从体系、操修、学风上又有了异常的变化。表面上看诸家蜂起，可谓学术繁荣、百花齐放。而究其拳经的操为，则有失经纬之态。真正的修为应该是宗风畅然，决不是家风涣散而自力自为。随着时代的需要、人们生活条件、环境的改善，对修做演真的操持，也相对地仁智相见。诸种风姿的太极拳互相争奇斗艳，使初习者莫衷一是。但是，尽管在表现的形式上存在着分歧，太极拳的价值及其意义，在人们脑海中的印象日益深刻，爱好者日众。太极拳对社会的贡献，在人们心中越发明确。

从 20 世纪 30 年代起，太极拳的社会地位日益提高。全佑之徒孙吴图南于年轻时写了《科学化的国术——太极拳》，医家傅增湘也著有《太极拳》，诸家著文，以强种救国的文化背景，推广太极拳。新中国成立之后，太极拳则成为人们生活中较为普及的健身运动。于是 1956 年国家体育运动委员会编订了仅有二十四式的普及套路，称为简化太极拳。1958 年编订了提高套路八十八式太极拳。这个客观存在的基础，必然会使太极拳学术得到普及提高。伴随着这大好形势，热心于这项事业的人越来越多。文化大革命似暴风骤雨，传统文化受到惨重的打击。表面上看，太极拳并没有间断，虽然也有过批判改革，把“玉女穿梭”改为“四海翻腾”之类，形式上还是持续下来，实质上传统的文化在几代人心目中失掉声誉。“当今传统学识不足是社会上较为普遍的现象，历史上前人留给今天的内容已经是绝技惊天了。可是，因为时代的起伏、岁月的风雨，使人们将这些绝学遗忘而造成无知。近年来，传统的脉学宗传，虽然被世人所重，一些学者名家也致力于此而奋蹄。但由于历史条件的各种局限，致使史学上的流真荒在瑞野，真知少识，而使某些画皮得以充真。为了广剖珠晶，让散失的文化重焕本颜，是笔者书作的缘起，也好让后人在学识上有所依据，有所证真。这既是正本清源，同时又是请世人也应为此做出艰辛的努力”（《翰墨缘》）。

从六脉太极的产生到正宗遁迹山野，复使民间散流成为“正宗”。在杨露禅之后，接受学习的徒子法孙，多是由家传形成脉系的。民国初年时的社会文化，曾把太极拳推为强种救国的一种希望。新中国成立后，太极拳成了人民普及健身需要的项目。太极拳已经是一种社会性的文化运动。无论太极学脉怎样演变延革，其根本原则是不可丢掉的。一旦丢掉了这些形成太极拳生命的根骸，就不成其为太极拳了。自太极拳形成生命的那一天起，其不同于其他学风的面目，则是内操所形成的内在“循经”现象。这也正是形成内家功夫神魂的生命。形意与八卦之所以不属于内家，是在其行功中没有形成完整的“循经”轨迹之象。而单纯出现循经现象，是不可以称之为内家的。因为不能在内操中“气脉循经，阴阳相系，水火相推，如环无端，贯通一气”，没有完整的循经内操，是丹家修为禁忌的“真气外游”。久而行之，迟早出现走火现象。如果没有循经现象模拟太极拳的运动，那只能称作太极娱乐之“体操”（太极操）了。凡是称作太极拳的运动，不管外形怎样结构连穿，都不要忘记了太极拳的定义是内操和内操产生的循经，这一点在当年武林中才使太极拳享有崇高声誉。而今之所创太极拳，只具有养生之功能，而无内操循经之境界。因此权衡太极拳生命的准绳，则是审其运动能否产生阴阳运化的内在循经，这种循丹经内脉的潜气内行之特殊行功，是太极拳的命脉所在，否则就不是当年内操所涵真的价值。目前仅有的在社会上曾经流传过的太极拳经以及传世谱文，事实上众多太极拳的修为者都不读，欠缺真正的理性指导。流行太极拳的书籍中已经看不到传统的经典理论了。

从太极拳产生至今，任何人不能否认“以道演武，以武隐真”的历史现象。太极拳从当年内操循经的风格，到今天失掉循经内涵的所谓科学改良，在学术上是尚需启蒙的，这样才会真正科学地还原其本来清洁面目。并非古人不懂科学而是时人丢掉传统，盲谈科学，或者说用科学二字来遮盖因缺少学识所造成的无知。本来先天太极之内操，是丹家外功之修为。俗说陈发科日练行功三十遍，从不间断，是人们学习的楷模。可以肯定地说，笔者读过的大多著述的动作，每见经脉阴阳纠葛不清，水火失去衡准，言词中多违圣真之遗训，让人阅后淡然。这样说来，读者会疑作者妄言，恐失其实。

此中疑意人人尽有其心，非是笔者紧守古律，今人不可创新。其中隐情，非人人明了。夫丹家内操，脉行子午，法用乾坤，是循阴阳而为律，纳四时而为真，进火退符。阴阳息律与天地日月同行出之一辙，故古人谓之天人合一。势星移斗转而成岁月之期，人身气脉升于子而降于午，卯酉相冲，子丑午未相合。人身经脉与天地同期，此自然之属性，焉可更改？古人言天地生万物，万物各阴阳，人能造万物，万物未有常。世间万类万物，皆顺天地阴阳之性，人体内律是人为不可更改的（科学言生物钟，医家针灸子午流注，十二经气血循经，起于子而终于亥）。太极遵循丹家脉息之律，“一呼一吸，脉行六寸，一昼夜一万三千五百息，脉行八百一十丈”。丹家专持之法，水撞金轮，金风吹脉，纯系内操，非人为可以更改。真气顺日月经天之序，内家法阴阳而行内操，脉道气血穴道，天地日月循轨，一年四时八节，二十四气，谁可以改张？须知凡内操行功，一举手投足，体内气血俱行，是按四时而为律，合养元真。是为内操，法贵精专，人贵勤奋。凡事莫将天理错，造物休同古人争。此自然之属性，天下万物俱效之。试问人身三阴三阳之气脉循经，岂可反常？故内操之学，当慎之再慎。真正内操立法有一定之律，不能有更改，故古人称太极拳为先天拳。正宗之风范，以武演道，以术合道，只可以顺化，不可更改。顺化不尊，岂可超常。难怪古之仁贤创太极之学，乃深悟先天再造之玄律，丹家大成之有为。非似时人草莽，不循规矩，误己可悲，误人可叹。倒是像其他竞技、娱乐等运动，没有循经，运作不究阴阳向背之理。若是以内家内修内操而观之，则动作影响气机的脉行。初时没有向背阴阳，内循没有应息；久习气血分经流注，事非出之。动作脉序以周经而注流，久聚呈真，久为成象，纳甲周宫。动作运动转换如有一处不工，则真气外游，非但无益，贻害无穷。故内操运动，先问动作，阴阳转换，架势要真，开合要准，法不厌精。

太极拳这种失掉衡准的势态，已经不是当年的内操修为了。这种局面与当年走向民间老拳师们没有把握宗风的脉络有关。自我缺少文化，缺少社会上的地位，这恐怕是太极拳沉浮的关键吧！这些当年在太极艺坛上争奇斗艳的脉流的传人，已经成为民间的老艺人、老拳师、老武术家。他们是民间遗存诸家脉传的力量，晚年授徒很少。而他们精力充沛时教的徒弟，有的为生计奔波，有的借此变为大家，前者弃艺投生，后者成为社会上的活动家。这些当年成为脉流的宗传，流落之后很难保持拳种的传统风格。当今的太极拳之盛况，已然是诸家繁荣的局面，学校体育教育者，用自我优于老拳师的条件，在教育领域、体育领域，著书立说，开展比赛，使武术家的家传之学推向社会，改良、撰编，形成今天的所谓规定套路。而那些武术家的脉传，则被美其名而誉为民间的拳师被挖掘的传统套路。社会上活动家，已经渐成羽翼，渐渐抵制民间的脉传。老拳师所谓宗风，也要适应新的潮流，也要符合教授们谈的科学规定。笔者想起在 1987 年武当山首届擂台赛时，听到沙国政先生热泪盈眶地说："我们这些老拳师，外国人来了，让我们出来表演，让外国人看看我们还有一把胡子，让外国人知道中国的武术可以健身长寿，这么大岁数还能练武术。表演完了，没我们的事了。……我的徒弟是教授，我还是一个全国出名的民间老拳师，我们这些老家伙没有几个了，一年比一年少……"言语间有多少难言之隐。沙老先生怀着难以忍受的心绪，叙说以往的时候，人们便会知道一些优秀的宗传，已由社会活动家代替，武术家渐渐退出了太极拳舞台。

尽管如此，社会上的有志之士，也不遗余力地为宗风而弘仁，近年来诸种书刊，也东鳞西爪地介绍传统功夫，挖掘整理，其中也有一些好的内容，接近宗传的脉流。本来宗风的脉流在封真岁月而后的年华中，已经心地坦然，老居家园。所以当年笔者听沙先生感慨之余音时，淡淡一笑，同沙老前行……

虽然是写太极拳史，笔者又摇笔从章，随意泛波，写几个真人真事，也算是较为生动的例子。再写一下自我吧，好多朋友劝我不要把话说得这样直，有时劝我，不要谈别人的错。我觉得任何事物相比之下，都有高下之别、优劣之分。这与佛说“众生皆有佛性”“一十大小平”“诸法空相”“法无高下，诸法平等”是两回事，不能苟同。事实上只有那些伪劣东西，才不敢比较，才说大家都好。如今站在教学的基点上，要向学生交待清楚事情的根由始末。好坏的层次，要分析得恰到好处，倘若真是一个远识之士，就能敢于听、敢于说好与不好的！

“无边落叶萧萧下，不尽长江滚滚来”。宗风脉传并没有因之而沉落。当年老拳师们的心境会随宗流学脉弘仁畅情。笔者多说了话，多费了笔墨，是追说其源流延革，追说以往，为使读者臻全太极的生命，究其形做而为，还其本来纯朴的天真之态，使后学明了太极学脉。凡事须求本质，不在表面动作，要知道权衡，审定太极拳的标准，是在内操的基础上进行的。内操不足，再好看也没有用。摆在太极拳同好者面前的路，是为其健康成长而努力。希望热衷于太极学的活动家多向宗风讨教，充实自己的学识，不耻下问，使自己真的变成名符其实的修持者。在这个基础上，再写东西，这样的内容真实不虚，经得住岁月的推敲与考验。同时也希望广大继任者担负起重振太极内操的宗风之重任，给散流以接近正宗的机会，多启发，多从本质上谈修为。

## 第四节　中国循经太极拳通诠解真

如前文所言，太极拳已经从修真之士的丹道外功逐步成为具有健身、松软风格的太极操，直至成为全民健身运动中人人喜爱的群众活动。而当今二十四式简化太极拳，已经在民众中广泛流传，形成社会影响。为了提高其保健作用，提高锻练层次，继而达到太极拳实质性地升华，健全其内操效果，把动作姿势稍作调节。调节后使动作规范化，略加准确化（以人体气脉循经为准据，以接近符合阴阳气脉循缠为准度，使其能向内操练气、循经合脉的方向上靠近。）真正地将这简化太极拳与祖国医学、祖国武学中气脉流通之内操内炼学识接轨，“阴阳相贯，如环无端”，纳入“不偏不倚，忽隐忽现”达到平衡阴阳内操内家的宗风脉流中，使其成为方圆合度、循经衡准的太极修为，提高健康保健益寿强身的效果，故称为“中国循经太极拳二十四式”。

正如传统的蒙学教育《百家姓》《千字文》如今已经不能被大多数人所背出那样，传统武学也渐渐远离了人们。中国循经太极拳二十四式虽能使人们逐步认识传统武学和传统文化，受到传统的熏陶，但是对于刚刚学习循经的人们而言，循经内操只是刚刚起步，一方面需要一些基础动作以运化全身气血，打好练习太极拳的基础；另一方面对于其中的精微之处则需要学人通过进一步的专持，同时学习传统文化，方能练好循经太极拳。

中国循经太极拳二十四式自问世以来，已四度于武当山广授于社会，引起了众多太极拳爱好者的喜爱。《中国循经太极拳通诠解真》一方面通过大量的文卷对太极拳的文化学术内涵进行阐释；另一方面结合广授于社会的讲课内容，精选出适合于不同体质的太极拳爱好者的基础和专持内容，使学人能更好地体会和学习太极拳的循经内炼，方有登堂入室之径。因为太极拳也是武学，故而须有刚猛之专持方能示之以武，以适应于年轻人的体质要求。

# 第二章　中国循经太极拳标准教程纲要

## 第一节　中国循经太极拳标准教程纲要简释

正如前文所言，太极拳是中国传统文化孕育的一颗明珠，因而学好、练好甚至教好太极拳是需要付出艰辛的。这种艰辛不仅是日夜操拳的滴滴汗水，并且表现在“学富五车”的渊博学识上。但这对于传统文化缺乏的人们而言，往往有不知从何处下手之感叹。《中国循经太极拳内操图示》（图 2–1）给太极拳的爱好者以循经太极拳的学习纲要，从文武两途讲述循经太极拳的理法、行拳的要领和太极拳的内在血肉和骨架，并简要指出了学好太极拳所需的中国传统文化知识，同时给出了作为循经太极拳的初学者所应具有的操修基础。

“循经太极拳内操图示”分为左右、上下四个部分。由下而上是学者随着学识和操修的深入所达到的境界。太极拳的内在血肉和骨架则为左右两个部分，分属文武两途，表明学人应文武双修，文武两境互滋互换，相互转化。最左和最

# 中国循经太极拳标准教程纲要

愿修真丹家的长生真慧，武林宗脉的神剑真锋，书家的龙泉秋水，结成人类的真如，在大定的寂静中升华，到达人类千古所追求的理想境地

| 武 | 文 |
| --- | --- |
| 天龙神剑：以修真为本源，以内功参悟剑法。当年武当神剑祖师，将八法神剑留于后系，嫡传正宗，是武林之隐，学名为“太乙神剑”。演为劈、刺、抹、撩、抽、揭、横、倒八法神功。以神会意，以气运身，以气贯剑，身剑合一，神剑合一，乃渐入臻境 | 龙形大草：书法中字体的结构，由起笔开始，内力劲路的轨迹出现或左或右的单向旋转，如同人体中的内外缠经现象。气机的左进右出，右进左出，形成了太乙循经，这同太极拳的循经如出一辙，与循经太极拳有旁通之妙。张三丰龙形大笔传世即是此为，道法自然，人天合一，正是书作使人得以长生的密蒂，也是修真丹脉的内持顺应以书演道的作为 |

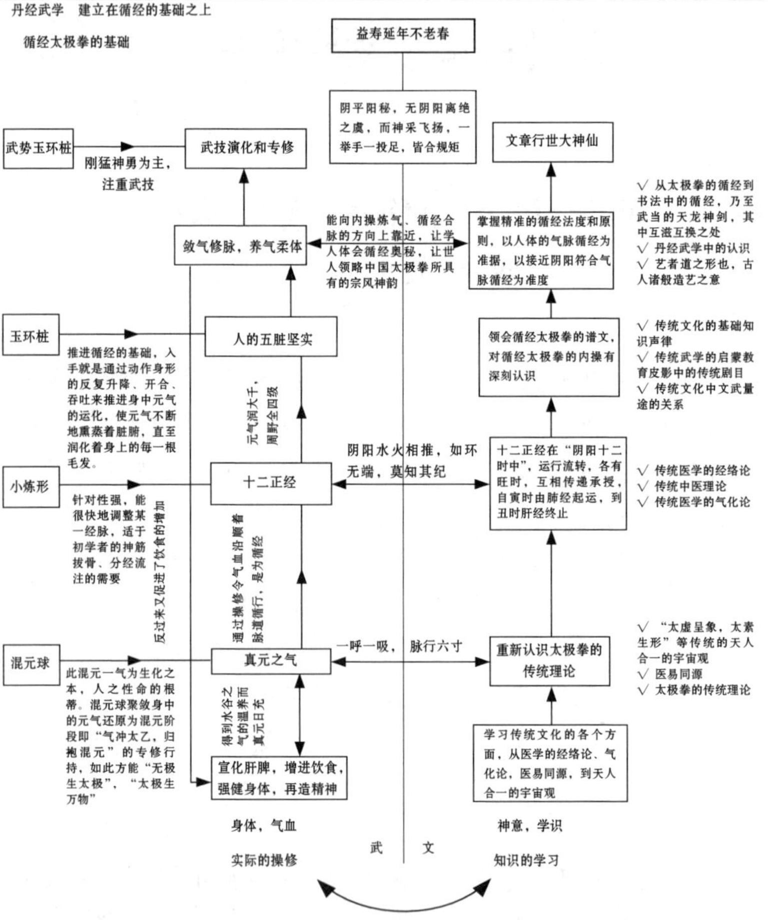


图 2-1　通过日夜的操修和反复的学习知识，而转化为真知内得

右为循经太极拳所应具有的知识和操修基础，无此则不为循经太极拳。最上为丹经武学，以示循经太极拳进入丹经武学之径。本文将由下而上，由武及文即由浅入深地介绍中国循经太极拳的内操图示。

简单地说，**“武”**的方面即是实际的操修，是对身体的锻练、对气血的运化，而**“文”**则是对文化知识的学习，是神意情思中的畅游、严谨完整的学识体系。武当太乙铁松派十二代师尊阎政昌先生曾言“没有三绝在身，不能说是武当传人”。在封建社会几千年的习惯中，一直沿习着“文武同宗”，文可安邦，武可定国，科举中也有文武双全的“龙虎状元”。《中国太极拳统真大典》云：“古人通过精研，文武兼修达水乳交融。文中有武、武中有文，文人的书卷气与武夫的阳刚气，相互化合而升华，达到完美的境界，形成中国传统文化当中独特的生命。历史上涌现出无数杰出的人物，留下多少传统文化奇珍。今天，研究继承传统文武齐驰的修为，让传统文化服务于时代，具有现实意义。”文武两途是入手学任何传统学识的基础，这是不言而喻的。只注重锻练身体、注重武功，只是一介武夫而已，若不进行实际的操修，对循经太极拳只是雾里看花罢了，并无太多实际的作用。

在文武齐驰的日夜熏陶下，**“通过日夜的操修和反复的学习知识，而转化为真知内得”**。通俗地讲，也就是实践与理论相统一，王宗岳当年“呆若木鸡”，可见用功之深，惟如此方能通达。《中国太极拳统真大典》则有更深入的描述：“概言内得之真知真慧，并非偶然，若求之内得，当效之先贤，不折不挠，依法而行，依律而持。默默之中，无事于心，无心于事，久久持之，自然而得之天然为耳。简而言之，秉承宗学，尊师所授，行之一贯，几近天真也矣。”

对于武的方面而言，**“宣化肝脾，增进饮食，强健身体，再造精神”**为循经太极拳锻练之根本。仅就常识而言，多吃饭、多运动，才能使身心强健。人的生命又是由先天、后天两大部分组成。先天的元精、元气、元神是生命的前提，它孕育了后天的精、气、神。传统的修持，是以后天滋养先天。“万物水中生”，是指先天肾水元气以成人；“万物土中生”，是指后天生身的水谷之养，没有后天水谷之气的充实身心，何来元气的运化？《修真诣疑》云：“初使五漏之躯得补漏之用，以全真体。行‘修墙补屋’之法，育化纯阳，此行功之初也。以至后有飞升之举，法合太虚，虚空粉碎乃证之大道显微乎。”循经太极拳为传统文化哺育下的花朵，故而也应守此旧律。此处概言一切生化之根本为增进水谷之养，能再造人天。

在身心强健的基础上，人**“得到水谷之气的温养而真元日充”**，此真元之气为人身生命之本。武术界流传着人人皆知的谚语：“内练一口气，外练筋骨皮”。内练一口气不是喘气的气，不是呼吸的气，而是人体中元气的振动，也就是人体当中祖气的振动，真元之气的振动。医学经典中有记载，**“一呼一吸脉行六寸”**，这呼吸并不是指喘气，是指先天祖气真元之气在体内的振动。

丹医大师周潜川先生曾为国家第一任卫生部部长郭子化诊病、治疗。周氏对太极拳亦有研究，并对太极拳有过建议。周潜川在《气功药饵疗法与救治偏差手术》绪言中，能让我们了解古人的境界，了解传统理论对脉息的解释，而真正踏入“内练一口气”的循经操练。

因此古人对“静”的作用，首先在呼吸上发现了所谓“众妙之门”“天地之根”的道理，体会出一呼一吸，一升一降，上会眩中，下沉丹田，气脉运行，周遍全身的“景象”。更精细地体验和观察，统计呼吸与循环作用，“一呼一吸，脉行六寸”，“一昼一夜，呼吸一万三千五百息，脉行八百一十丈。”……因练气而影响全身的循环作用，这叫做“修脉”。……统计全身共有“二十部奇正相因”的脉道。每一条脉道又有转折曲屈和大会小交的地方，这些地方叫“穴道”，……这样的脉道在人体内遂产生了“阴阳水火相推”，“如环无端，莫知其纪”，“周天运行”的作用。……古人又发现了“气脉”在“阴阳十二时中”，运行流转，各有旺时，互相传递承授，自寅时由肺经起运，到丑时肝经终止，叫做“子午流注”。……古人摸清了活着的人在清静休息中，从呼吸一直到脏腑的气脉运行情况，从而掌握了它的规律，于是创造出了光耀古今的“气化论”“经络论”。研究这种学问古人叫做“内景”，用“练气修脉”的方法，主动地支配人体气脉的平衡，叫做“内景功夫”。……这也是祖国医学理论出发点的基础。

《修真诣疑》云：“当须立基，犹闻世人于修真之先，乃是以后天之情性，发先天之灵根，复始以道。筑基者，修真之首要也。何谓之修真，张三丰祖师曾云：‘持真元以养太和’。或喻修持自身形神，以生发周身之真元气也。真元之气又喻为先天之祖气，或先天一元气。医家谓先天肾水、肾气。道为真元之气，即先天真气。修真者，即修持真元之正气，浩然之气于自我身中。存正当守，以育神形，或寓刚柔，或蕴神神之导，以鉴元真之性。”太极拳经语云：“太极之先，本为无极鸿蒙一气。混然不分，故无极为太极之母”，“人之生世，本有一无极。先天之机是也。迨入后天，即成太极。”《太平经》中说“夫物，始于元气”。《列子·天瑞》曾言“太初者，气之始也；太始者，形之始也；太素者，质之始也。”……洋洋洒洒，不外反复强调此真元之气于太极拳的行拳、于循经的重要性。

太极内操之根本——真元之气则合于“太虚呈象，太素生形”等传统的天人合一的宇宙观。《灵宝毕法·交媾龙虎》“太元初判而有太始，太始之中而有太元，太元之中而有太虚，太虚之中而有太空，太空之中而有太质。太质者，天地清浊之质也，其质如卵，而玄黄之色，乃太空之中一物而已。阳升到天，太极而生阴，以窈冥抱阳而下降。阴降到地，太极而生阳，以恍惚负阳而上升。一升一降，阴降阳升，天地行道，万物生成。”

古人用《易经》这部古朴的哲学史书，来认识自然界中的万物生长变化之规律。太极生二仪，二仪曰阴阳，二气交感，产生万物。天地产生之前的宇宙已充满了“太合元气”或称“混元之气”。天地生成之后，宇宙的元气则寓化在天地之中了，这时的先天之气是阴阳未分的混元阶段。直至天下万物成形，“太极生万物”，元气也有了“阴阳显化”的运行，交注往返，这时的元气就不再是混元之气，而是成为孕育万物的真元太和之气。此一气而分清浊，清者是灵光，浊者是精质，清者而成象，浊者而结形。灵光从形象而寓，精质从灵象所需而结，所以然者，天下万物各有异态。

宇宙产生阴阳的变化，天上地下形成乾（☰）坤（☷）之象，二仪歧分之形。经过若干年月，又出现新的变化。地气升腾，天气下注，形成阴阳交感，呈于卦象为地天交泰（䷊），产生了生命，即古人所言的“三阳交泰产群生”。天地之气未形成气机交注之前，卦象为“天地否”态（䷋）。

祖国传统医学认为，“天人合一”，人博天地宇宙阴阳二气而剖产性命，入乾道为男，入坤道为女。阴阳感而复生，无有穷尽。人类生成性命之后，全靠真元之气推动肾水周流，润泽周身，靠元气推动血液，循经导脉。

**“一呼三寸，一吸三寸，一昼夜一万零三千五百息，脉行八百一十丈”**，循经则是它的原则和要领。脉行八百一十丈在体内走的通道就是脉道。太极拳的“敛气修脉”就是致力于此，“敛气”就是把身体中的先天的真元之气收敛在脉道当中，不要产生真气外游的现象，不要产生三阴气脉每每过迟、三阳气脉时常领先的偏差。

在太极拳二十四式完整行功中（在传统套路里更加明显）离不开弧形运动和球形的体现，甚至抱球的动作在行功过程中则反复出现多次。那么太极拳与球的关系是怎样的相关呢？动作中所抱的球是称作太极球还是什么？若有团敛真元之气的专持——混元球，则知此球是体内真元之气所敛而致，是“内有其质外有其象”，而非故意做作之象。

混元球是体内的真元之气得以高度凝集，而形成“有象之形”的行功，天地环宇之气采纳于自身，久而行持，致以气化充形。在气化充形、气随形动的锻炼过程中，由于体内的“元阴元阳”“积久呈真”，“二仪生成易象”，多种灵动蕴育生机，产生了丰富多彩、千变万化的行功。最初的阴阳气机交感，出现凝集的真元之气，经过长期的调节，使散则为气的虚象，转为聚则呈形的实形。气化呈形的有形之象，古人称之为“太乙混元球”。“太乙”是指内功行持过程的阴阳交感而形成的活动。“混元球”则是“聚散有形”的结晶颗粒，是在气化的修持过程中，一种化形的表现形式。球体与自身的导引循经，阴阳气脉运于自身时，无时不有太极运化之变，从阴阳化合的球体，反正往返的旋转，大小球形的变化等均如是。

由混元球而到循经太极拳，也符合古人“天人合一”的自然观，即是从“无极生太极”，“太极生万物”的自然演化。古人曾喻之：“内有其质，外呈其象”。体内的元气充实可以活化筋骨，使人益寿长生，渐而由“太乙气化”产生球体，随之则有“万物出于太极”之象。“内运气化，外展玄功”，由此而演化出后来诸种支派的显化阶段。

**“通过操修令气血沿顺着脉道循行，是为循经”**。真元之气在体内运转的轨迹为脉道，祖国传统医学的经络论对此有详尽的阐述。太极拳也详察阴阳之变，岂可不知人身中的阴阳？医易同源，天人合一，这在祖国的传统医学中一脉相习。可参见图《人身与易的对照》。

人身十二正经，分为六阴六阳。由于阳经发源于脚，故拳经云：“其根在脚。”腰一动，全身都动，统领全身，故拳经云：“主宰于腰。”人身所有阳经汇聚于百会，与会阴

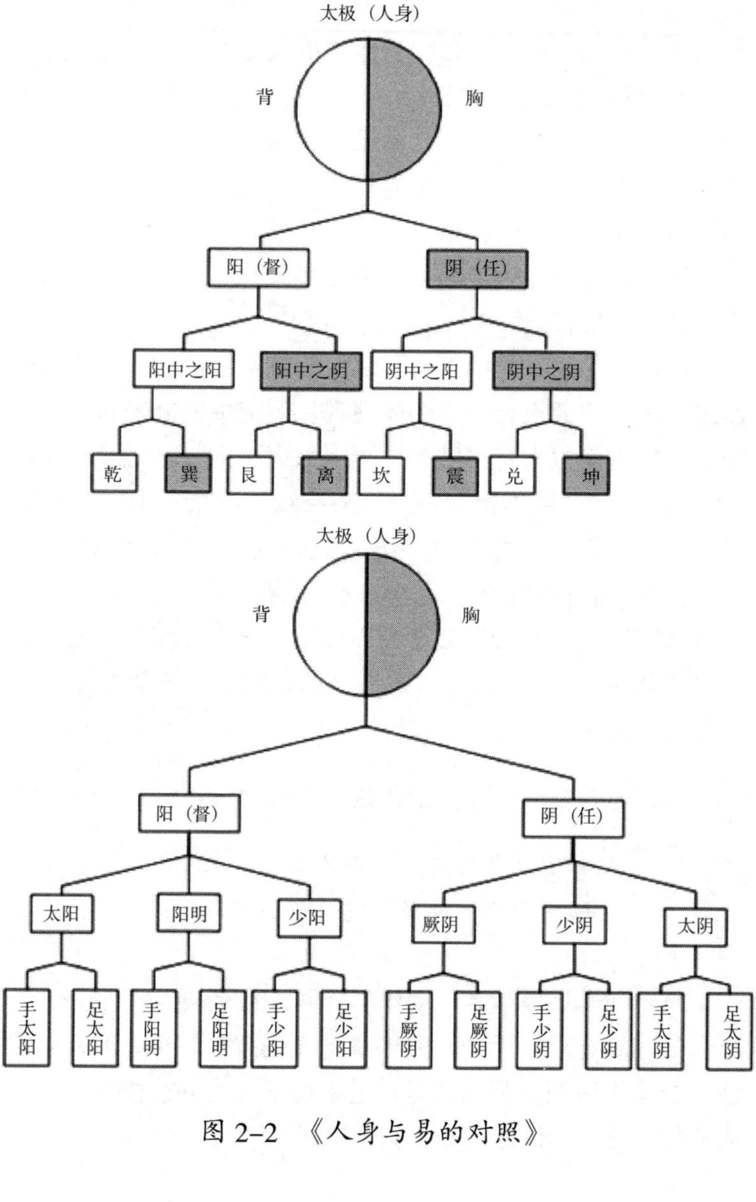
太极（人身）
背
胸
阳（督）
阴（任）
阳中之阳
阳中之阴
阴中之阳
阴中之阴
乾
巽
艮
离
坎
震
兑
坤
太极（人身）
背
胸
阳（督）
阴（任）
太阳
阳明
少阳
厥阴
少阴
太阴
手太阳
足太阳
手阳明
足阳明
手少阳
足少阳
手厥阴
足厥阴
手少阴
足少阴
手太阴
足太阴

图 2-2　《人身与易的对照》

遥遥相对，故拳经云：“立身须中正不偏。”人身十二正经都出于手指和脚趾，手和脚动作的精微之处都调整着人身的气血经脉运转，故拳经云：“形于手指。”基于对人身气血和经脉的认识，拳经云：“每见数年纯功，不能运化者，率皆自为人制，双重之病未悟耳。欲避此病，须知阴阳。”“其病必于腰腿求之”，指出了未能体察人身中阴阳气脉运化之微妙。由是可知太极学不可不详察人身阴阳，不可不知身中经脉气血之行。

在祖国传统医学中，真元之气顺特定脉道的有规律的循经现象出自“天人合一”的体现观。宇宙中的循经为日月经天，以宇宙而拟人身，则有“阴阳水火相推”，“如环无端，莫知其纪”，“周天运行”“一昼一夜，呼吸一万三千五百息，脉行八百一十丈”。十二正经之运转。《修真诣疑》云：“天有昼夜而日月行天，运于轨迹，人身之壬督犹天之日月，人身之阴阳也，日月行天循为周天，壬督交注而气血流，此人身之周天也。”人们通过对循经的观察，从而创造了弛名中外的“子午流注”：

### 十二经流注时序歌

肺寅大卯胃辰宫，脾巳心午小未中。
膀申肾酉心包戌，亥三子胆丑肝通。

每见初学太极拳者，动作不舒展，乃是缺少基础动作之故。体育尚有准备活动，太极拳同样也需要。小练形针对性强，能很快地调整某一经脉，适于初学者的抻筋拔骨、分经流注的需要，为练好太极拳打下基础。

玉环桩即是混元四手，作为推进循经太极拳的基础，从二仪呈象判化阴阳而始至金顶沉锋，身中之元气随行功而升至真顶，复由真顶降下随之而动。予注中元乃收敛元气而入于丹庭，以周身之气统收之纳入气海，而行归元之法。水撞金轮于行功中气纳丹田而后肾水充足，随之两手上提之际，坎宫真水随手而动，复随之上升。复随骊龙含珠、玉虚呈华，以气机外注，随行功之自然有气机吞吐开合，往来劳宫之处。其入手就是通过动作身形的反复升降、开合、吞吐来推进身中元气的运化，使元气不断地熏蒸着脏腑，直至润化着身上的每一根毛发。

故《神慧应真图》云："玉环桩、九龙环：尽行血推脉之专操，先以色身为基，以求寿永，身心坚固而神气自充，由练身转入练神。神气相依，武道医泛真普化，浅操修为，远尽人天，大道须弥，历持人天。"作为循经太极拳的循经内练而言，以玉环桩推进循经，推进气血在身中的运化，有事半功倍之效。

经过以上的操修，身体上得到了改善，还只是一介武夫而已。对于太极拳的循经而言，只是有了初步的认识，而同循经太极拳的要求——"循经之法度如日月之经天，达到阴阳水火相推，如环无端，莫知其纪"还有一定的距离，因而需要从学识上来不断地充实自已，并应用于练拳的实践中去，以使知识变为真知内得。

**"掌握精准的循经法度和原则，以人体的气脉循经为依据，以接近符合阴阳气脉循经为准度使其能向内操练气，循经合脉的方向上靠近"，**这是循经太极拳的要领，它是建立在对循经太极拳谱文的深刻认识之上的。循经太极拳有《中国循经太极拳二十四式操演谱文》《中国循经太极拳二十四式内脉循经谱文》《中国循经太极拳二十四式武学概谱》《中国循经太极拳二十四式全体大用篇谱文》四个谱文，分别从不同的方面叙述循经太极拳的要领和内涵。谱文之内容，不仅能看宗风脉传的关系，看宗传名称及其发展之来源，来探讨太极拳之动作、风格、发展过程以及太极学识之渊源关系，并能从诸方面之观察得到对太极拳的学术思想分析。

《话说谱文》云："稍有一些常识的人，都会理解武林脉系的传承，是通过口传心授与密本所刊、秘而不宣的口诀相结合而传世的，尤其是绝代秘不示人的功夫更为如此。常见的一些传说故事和历史上的真实记载都是这样。无疑'功谱'是横跨于口传与不宣两者间的真凭实据。""谱文属'三昧真参法'中'以文观意'的范畴。纵观当今社会上流传的谱文多属今人所为，无论是声律、词句、文理，都少有风采，更谈不上内隐传真的神韵了。好的谱文在持颂过程中可领略其神采，并潜移默化地受到熏陶冶化。'九脉合真'留下的'一脉真谕'是以谱文传世的。过去的传承，绝少有书籍记叙，都以律诗这种文体流传，文卷中洋溢着历代仁真、先师法祖高深绝妙的神髓绚彩。先人曾将诸类文卷、谱文誉为经卷，供奉堂室丛林，这些内容在历代被称之为珍宝，世代相传，演为宗风，延源已久。"循经太极拳的谱文是循经太极拳的内操之衡准。

**"架子动作要精准"**，这需要对操演谱文反复朗诵，直至烂熟于心。**"循经之法度如日月之经天，达到阴阳水火相推，如环无端，莫知其纪"**。这些内在循经的内容，虽然微妙，却也可通过阅读谱文而神会于心。太极拳之潇洒与沉稳形成独特的面貌，为人们所喜爱，令人更加陶醉的是它使操炼者改善气质。宗风中的太极拳更是赋予以武演道的内涵，以此作为完善自我的一道阶梯。伴随以武演道的修为成长的精神世界是使太极拳操修焕发光彩的神韵、文宗。太极修炼有素者，若不去研习其神韵、文宗，终难以领略古人这种伟大创造之神采，脱离不开一介武夫的影子。正如书法与写字不同，是其讲究法度，有气质神采，而写字仅求机械的笔画间架安排。完整继承宗风中的太极拳离不开文武两途的精习，文武兼修已成宗风的传统。“文有多高，武有多高；武有多高，文就有多高”。古人又云：“以神入手为上工。”沿着文的道路，古人探索到诗文、书画、音律、楹对……诸艺以畅其情，以合其道，“艺者，道之形也”。

而谱文内的声律的振动，则是阅读谱文中另外一个内隐。近代医家张锡纯《医学衷中参西录》曾揭示其中隐奥：“盖读书必有声调，当其呼气外出之时，必心力下降以镇其气，而后其声悠长，又必须丹田上升以助其气，而后其声高远，此际之一升一降而心肾交矣。内炼家会合婴儿姹女之功，即交心肾之功，亦即补助元气之功也，是读书者之元气，旋伤而旋能补之，此所以不伤气也。”又言：“道书谓‘呼吸分明了却仙’……果参透呼吸升降之奥旨，顺呼吸之自然，而少加以人力主持，俾心降肾升之力息息互相凝结，有不延年益寿者乎。”

《声律真诠》云：“古来人类经历了漫长的岁月，得知音律乃宇宙天地之声，以音弘法是前人提出来用以通灵达慧的则准，发现形声的双重作用下人类通达灵慧的道路，从而在神思的创造下完成了以文观意的造作行为。灵性的文化无疑是超越了平凡的极限而建立了灵性自我的系统。在漫长的岁月风烟里，这种高准的法华又几度泛化于俗，流传民间，哺育了民族而渐演为民俗，漫为现象，形成文化。灵性的文化，通过阅读，朗读能使自我的神思情志得到质的改良。从简单的颂持，音律震动着经脉，心神随之振动，久之形成共振。这便是从生物物理学的角度去看，若以境地的灵性振动来参化，去分析共振产生神化经由的改变，使之神化自我，使之与灵性的灵境共振。”

太极拳的谱文中有如此之多传统法乳，没有一定的阅读能力和传统文化的基础是不能领略其中的神韵的。为此学人需要**“学习传统文化的各个方面，从医学的经络论、气化论、医易同源，到天人合一的宇宙观”**，**“重新认识太极拳的传统理论”**，才能还太极拳以本来面目，从中得其三昧吧。

如此文武两途操修，方能使循经太极拳**“能向内操练气、循经合脉的方向上靠近，让学人体会循经奥秘，让世人领略中国太极拳所具有的宗风神韵”**，对身体方有**“敛气修脉，养气柔体”**的作用。循经太极拳的主要特点是养气柔体，通过敛气修脉能使**“阴平阳秘，无阴阳离绝之虞，而神彩飞扬，一举手一投足，皆合规矩”**，而循经就这样产生了。中医认为，人的身体是由气血来推动的，气为血之帅，血为气之母，气行血则行。所以说循经太极拳的操修第一步是要把气色转过来，第二要发福。首先要身体健壮，因只有气血充盈身体才可以胖起来，“财大气粗”可比喻修真中对气血充盈的描述。当运动量达到一定水准以后，敛气修脉能使你身体中的阴阳气脉像天平一样准，从而脾胃消化能力特别强，甚至肠胃功能超越了常人。人的身心改变了，精神、体魄改变了，才能气血充盈，食欲旺盛。

久而行之，方能尽善于操拳习武，见道养生，不失当年张三丰祖师创拳之本意，**“欲天下豪杰延年益寿，不徒作技艺之末也”**。此外，由于太极拳示之以武，故有武势玉环桩以求武技之演化。在当今传统文化亟待继承之时，**“文章行世大神仙”**，需要学人以自已的学识，为继承和弘扬太极拳做出自己的努力。

丹经武学的修为则超越了太极拳的作为，是传统宗风脉传的神魂所在，但都是建立在循经的基础之上，与太极拳是异流同源，天龙神剑和龙形大草是其中之精微。

此图示给出了学人以完整的教学大纲，细微之处将在以下分章介绍。

## 第二节　中国循经太极拳二十四式动作名称

**准备动作**

| | |
|---|---|
| 第一式　太极起手势 | 第七式　左揽雀尾 |
| 第二式　野马分鬃 | 第八式　右揽雀尾 |
| 第三式　白鹤亮翅 | 第九式　单鞭 |
| 第四式　搂膝拗步 | 第十式　云手 |
| 第五式　手挥琵琶 | 第十一式　单鞭 |
| 第六式　倒撵猴 | 第十二式　高探马 |

| | | | |
|---|---|---|---|
| 第十三式 | 右蹬脚 | 第十九式 | 海底针 |
| 第十四式 | 双风贯耳 | 第二十式 | 闪通背 |
| 第十五式 | 转身左蹬脚 | 第二十一式 | 搬拦锤 |
| 第十六式 | 下势独立 | 第二十二式 | 如封似闭 |
| 第十七式 | 左下势独立 | 第二十三式 | 十字手 |
| 第十八式 | 玉女穿梭 | 第二十四式 | 收势(合太极) |

## 第三节　中国循经太极拳二十四式动作详解

### 准备动作

图 2–3 为宗风传“虎踞”势的正面图示。图 2–4 为宗风传“虎踞”势的左侧图示，简作“虎”姿、“虎”势。

图 2–3

图 2–4

图 2–5 为宗风传“双虚桩”，双足双腿均平受力，或不受力。

图 2–6 为宗风传“龙行跨打”势，简作“龙”姿、“龙”势。

图 2–5

图 2–6

图 2–7 为宗风传“虎踞”势的右侧图示。

图 2–8 与图 2–6 的动作相同，惟左右不同而已。为宗风传“龙行跨打”势，简作“龙”姿、“龙”势。

图 2–7

图 2–8

图 2–9 与图 2–5 动作相同，惟左右腿不同而已，此为宗风传“双虚桩”。

图 2–10 与图 2–4 动作相同，惟左右腿不同而已。简作“虎”姿，“虎”势。

图 2–9

图 2–10

准备动作的操练可由图 2–4 起，经图 2–5 至图 2–6，为“虎换龙”动作。

由图 2–8 起，经图 2–9 至图 2–10 为“龙换虎”动作。学者可反复操演。

### 操演谱文

天地阴阳妙相生，本是动静咸化成。
太极为宗传武势，遍撒华夷焕春风。

### 全体大用

太极拳法意相连，招招式式细经研。
守定中宫无极势，无形无象养真元。

太虚太极呈有象，阴阳动静操做拳。
古传拳经十三式，今作简化续前源。

内脉循经

太极拳法古今传，内隐玄奥要审诠。
气脉宣通十二经，养真泛武翻作拳。
太乙气化冲任督，气血阴阳走循缠。
二十四式虽简化，循经内脉葆真元。

## 教学要义

在操演之前，首先就太极拳作为中华五千年的文化瑰宝而讲述其文化和历史渊源，爱好太极拳的人们不可不知。

光耀古今的太极拳法，作为中华民族精神文明的代表，已经泛波海内外，形成一种时尚、一种文化而普及开来，塑造着人文精神，象征和平美好的生活。但至今研究其内在的隐含着较为玄深古奥的学识内容，还是要再三仔细审视察诠，才能洞察其真识，并不像时人将其看做如何如何简明单纯。其中蕴涵着中华五千年文明，囊括了中国道家至朴的“天人合一”观及祖国医学传统系列养生哲理，通过自我行拳来积极地认识自然，健全自我，乃至健康文明，“天行健，寿而康”。

古人曾经把这伟大的有象世界，及包含着极丰富对立统一的操持，分列归纳出“掤捋挤按採挒肘靠进退顾盼定”，这十三个有典范有规律的动势拳形作为母式，在操持拳艺过程中生化出系列子式而构成太极拳。古人又把这丰富多采的太极拳运动称作十三势。由于时代的变更造成知识断层现象，如今传统的太极武学只好把这数百年形成的传统生命简化，使传统生命得到续化，延其脉传，振兴民族精神。太极拳之简化循经就是其典型。可谓“古传拳经十三势，今作简化续前源”。

## 第一式　太极起手势

### 操演谱文

太极开拳移左步，前抬两臂吊腕平。
切腕仰掌姿下沉，坐胯屈膝气合生。

### 全体大用

开拳阴阳起太极，三阳上崩双仪环。
太极吊球蕴玄机，双切腕法镇中原。
太极荡球掌前顾，十指採挒左右悬。

### 内脉循经

神意相合参动静，无极生在太极前。
阴阳未判真种出，意催身姿动静闲。
太极开宗起手势，三阳并起通上玄。
手三阳经宣真力，双吊球势气最圆。
十指虚含畅玄机，两掌三昧延宗传。
平身降气抖神威，双切腕法壮丹田。
老祖断凳气下沉，期身正直撑三环。
粘连黏随不丢顶，惊弹崩炸走螺旋。

气化三阳生真力，拳依六合乘金玄。
丹田内转荣金气，左右二脉任循缠。

**武学概谱**

太极起势阳气升，双腕挑打吊球成。
左右採捌取肘肱，上崩下砸将势封。

## 动作要领

### 无极势（自然入境）　太极双吊球　切腕下砸

**预备势**　自然而立，只要求舒适自然，无拘束之虞，无呆板之象，自觉能进入到练拳的境界中即可（图 2–11）。

**无极桩无极势**　继前动作。自然站立，即是日常的姿式，两足距与肩等宽，丝毫不加修饰，普普通通地站好。这也是练拳操拳的准备势（图 2–12）。

图 2–11　预备势

图 2–12　无极势

**太极双吊球**　继前动作。五指微屈，如抓两球，缓缓向前抬起双臂，与肩同高。掌心向下，双臂的腕、肘、肩在同一水平面上。此时腕部放松，双手如抓两只球。从上向下看时，两臂呈括号状（图 2–13）。

切腕下砸又名老祖断凳。继前动作。蹲身下坐，双手随身体下蹲，切腕下砸，掌心向前（图 2–14）。

图 2–13　太极双吊球

图 2–14　切腕下砸

## 教学要义

**“无极桩·无极势”**　要求左脚向左侧横迈一步，两足距离与肩等宽。站好即可，久而久之，自然一站就与肩等宽了。为什么要左足向左移动呢?因为传统学识以太极阴阳为原则，左为阳右为阴，阳主动而阴主静，故要左足移动。足尖向前，避免足尖内扣或外张，即通常所说“内八字”与“外八字”。

太极拳是“无极而生”，故要两脚向前两脚平等而立，即不是足三阳先行，也不是足三阴先行，而是各持半阴半阳，也是“无极而生”领略动静之机的姿势，以体求“阴阳之母”的太极。

此时准备练拳，大脑思维暂停，其他杂念不管什么事情皆需先放下，等练拳完毕再办。这样逐渐地使自我心境平静下来，处于：“无形无象全无欲，养神养气养真骸”之境界，就是说站在这里准备练拳了，进入“无极”状态，即固定自己的形象都静化得模糊，达到“忘身”“忘我”的“浑然”“无极”境地。

古人说，“太极本无极”是说太极本是由无极生化出来的。“太极者，无极而生”，这个阶段就是“无极”的阶段，也是练拳的准备活动，更是练好拳从无极生有极（太极）的最重要的行功，传统上将其称做“无极”，叫“开拳起手势”，也叫“无极准备势”。

“太极双吊球”　手心虚含，手指向下垂悬，指尖微微内操，如提拿球状。手随两臂上抬时即做抓球状，随两臂抬平而呈提拿球状。这是古人造意“一举动，周身俱要轻灵”五指虚扣，举动虚灵。一是懦弱外形，二是谦恭退让之心，传统术语曰：“威猛生之，收藏在内。”不做“神勇状”，要“内无其心，外无其象”。身心中唯一团元气耳，方有利于养心养性。

“切腕下砸”　向下砸的手置于膻中为佳。人身之气血交会在“膻中”这个部位，是医家之定论，武通于医，拳家须知医学之常识。双手可以稍微再向下偏移，以肺之下，胃之上为好。

## 太极保健

太极拳的锻炼过程中，每一个动作都在影响着人身十二经的流注循环。十二经是概括人身气脉的代词，包括十二正经、奇经八脉、毛络、孙络等周身循缠有度的气脉行经，标志着人气血盈亏的过程。太极拳是祖国养生家、丹道家操拳演武、行血推脉、养气柔体、经过千百岁月总结得到的宝贵经验。古人发现了人的气血有充盈的旺盛时期，有盛衰的变化。人到了中年而后，要刚柔相济地运动，要葆全真气，因而提出“真气要柔、流水穿堤”的观点，在这个基点上形成武学改良。少林拳不是以拳打天下，因为拳里有禅。武当的功夫就太极拳而言，并不是以武强敌，是因为武当的武学是“与道合真”的宝贵经验和珍贵的文明遗产。通过习文演武能管窥天地自然界的规律。

人体中的阴阳气脉的流行，犹如江河湖泽，纵横交综，分布自然有序，“太乙气化冲任督”是指人体内的元气饱满，譬如湖泽水满而后，自然会向江河溢流一样，体内产生气化盈注，古人喻为“太乙气化”。会导致气血脉经在真元之气的推动下充盈突流。“气为血之帅，血为气之母”，人身周经循缠有度，犹如日月经天、星辰列张、阴阳有序、分有昼夜。人的气血饱满，精神充沛，“真气从之”，祛病益寿延年可期。人身体气血的分布如星罗棋布，分阴阳，名经纬，各自循缠。因而太极拳是武学，又是修身、行血推脉、葆真全气、颐养天年的好功夫。

二十四式简化太极拳，是在新中国时期经过改革传统、创编简化的拳种，至今已有四十余年的历史了。医家泰斗周潜川说“简化太极拳虽是精华，缺少运气的内涵”。这四十多年中，致使无以数计的人操演太极，徒有形象。笔者在著写《中国太极拳统真大典》而后，将简化太极拳经过校正，使之在动作细微处，适应气血的循行，使大众受益。故而谱文言“二十四式虽简化，循经内脉葆真元。”已将简化二十四势太极拳赋注内缠循经的新生命，使练武操拳的人有运气、有修脉、聚敛元气、葆真全气的内功了。

太极拳是动静相参的运动。拳经言：“一动无有不动，一静无有不静。”练太极拳除了学会动作之外，更要努力研习其微妙精深处，用神意相合来参悟动静互为其根的变化，那就是太极拳的具体操修了。

## 第二式 野马分鬃

### 操演谱文

野马分鬃身右转，左手托球右肘横。
上下掌心同一峙，两掌互唤抱球生。
左足尖收右脚侧，凤点头化腿提龙。
前托左掌进左足，左腿为弓右腿平。
前行虎口并金脉，后按胯侧合心经。
左转身姿横左肘，右凤足落左足踵。
左掌按球右掌托，复出右脚虎换龙。
右化托掌身前出，左化按塌左跨封。
左蹬右弓稳两足，前后双撑期中庭。
转换身姿右抱球，左为托掌右肘横。
左凤足点右足侧，前展左足虎步腾。
太极抱球开双掌，前托后按达通灵。
托掌斜行金风响，按掌降气掩胯封。

## 全体大用

野马分鬃抱球起，球掩横肘肘齐肩。
凤足点在虎足侧，托球掌藏腋下缘。
凤换虎足展龙姿，托掌前掤齐胸间。
扶球手化塌掌下，左右三循龙在前。

## 内脉循经

野马分鬃宣虎坐，势藏挤撞平肘肩。
两手抱球阴阳合，天地相应神意添。
按掌玄英动大指，中府云门紧相连。
托掌心经居肝脾，外展金风正循传。
凤点头气宗大趾，下逢二脉透脾肝。
后坐分蹬纵虎势，前平虎足肝脾宣。
身纵虎踞换龙姿，金封托掌虎在前。
始展双锋金风至，后按肺脉共心传。
抱球复将阴阳聚，混元太极又循缠。
左右开真舒肝脾，上调离火奏金弦。

## 武学概谱

身蹲后足宣虎坐，前腿放平纵虎行。
前足落定身前移，龙姿就势后足蹬。
龙行虎步相交峙，动静阴阳虎换龙。
虎形进前回头打，直冲龙姿闯前踪。
野马分鬃抱球姿，托掌上映金肘横。
足尖点落凤点头，提膝提足势提龙。

上下抱球阴阳分，阴阳掌法各不同。
托掌滚发掤臂起，横肘急切降肘崩。
正应腋下金挑掌，上掌下塌力正洪。
直冲中宫夺其局，侧踏边锋胯外行。
上手进足同一侧，肩腋两侧取背胸。
撒放二诀乘机使，左右连环不可逢。

## 动作要领

**右虎坐抱球　虎踞　龙行托掌**

**右虎坐抱球**　身体微右转，屈右膝为“虎坐”，同时左足尖收在右足侧，左手翻转掌心向上为托掌，右手掌心向下如扶按球状，抬肘横于右肩平，上下掌心相对（图 2–15）。

**虎踞**　又称“太极抱球势”，继前动作。身体左转，左足向左方伸直，右腿“虎坐”步。双手呈抱球势，静势可以做桩功锻炼（图 2–16）。

图 2–15　右虎坐抱球

图 2–16　虎踞

**左进步·龙行托掌** 继前动作。身体前移，右腿由虎坐步后蹬，变左腿为弓步，同时左托掌向前，右掌向下按塌至腰胯（图 2–17）。

**左虎坐抱球** 继前动作。身体右转，屈左腿呈左虎坐势，右足尖收于左足侧，同时左托掌翻转掌心向下变扶按掌，横肘与肩同高，右掌翻转为托掌于左腋下（图 2–18）。

图 2–17 左进步·龙行托掌

图 2–18 左虎坐抱球

**进右步虎踞势** 继前动作。身体呈左虎踞势，与图 2–16 左右相反（图 2–19）。

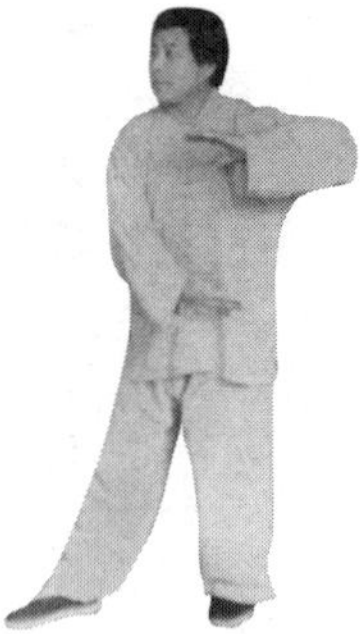

图 2–19 进右步虎踞势

**右进步·龙行托掌** 继前动作。身体前移，左腿由虎坐后蹬，变右腿为弓步，同时右托掌向外前，左掌向内下按塌至腰胯，与图 2–17 左右相反（图 2–20）。

继前动作与图 2–15 到图 2–17 相同，分别为右虎坐抱球、虎踞、左进步·龙行托掌。

野马分鬃左右共 3 次。

图 2–20 右进步·龙行托掌

## 教学要义

在太极拳二十四式完整行功中（在传统套路里更加明显）离不开弧形运动和球形的体现，抱球动作在行功过程中反复出现多次。太极是从混元一气的混元球中升化出来的内容。

太乙混元球的出现，是在元明气化的基础上，日久所积而至。易理认为：太极剖产万物，太极生二仪，为元阴元阳，天地的阴阳二气的交注，生成新的生命。人体内的混元之气能结聚成球体，也是体内的元阴元阳之真元气的结聚而生成的。古人认为渐渐行持，滴水成渊。日久而生形。体内的元气与自然界中的太合祖气相合，以及日精月华等天地的阴阳之精英纳入身中体内。与自身之元阳之气久聚成真。

身中丹田结聚的阴阳交感而产生太乙气化、真元萌动。逐渐变化，剖产了一颗结晶的气质，古人喻为玄珠。故则喻之为“真形之象”。古人将这个“散则成气”的虚象，转化为“聚则呈形”的实象过程称之为“显化”。

传统武学将身姿由后向前移动的动作称之为“虎换龙

争”，因速度过快而生成另一名词，为“龙腾虎跃”。严格地讲，传统武学中任何一个动作，任何一个姿势都有其隶属的专业用语。而今传统武学中的龙虎神姿之学术用语则由那简单明了的“登山步，下山步”替代了。但名词的不同，标志着宗风学术的遗风。

野马分鬃之姿势，是聚散有形之法，聚则蹲身侧坐步，龙换虎还是虎换龙都标志着身姿的变换。龙虎的反复运化形成了丰富多彩的武学天地。一龙一虎的运动，有动有静，有阴有阳，互为转化，互为其根，构成了进退辗转，构成了闪展腾挪，成为基础武学的原始因素，由简至繁，再由繁至简，构成了至柔至刚，阴阳合生的基本条件。无论哪家武学，哪派武术，都离不开这一龙一虎的互相生化。因此，一龙一虎的运化无疑为至简至易或高深莫测之武学打下了雄厚的基础。

## 太极保健

以虎足与凤点头之足一左一右配合，成虎坐之虎踞雄视之态，这个姿势在传统脉传中，以强腰固腰，壮水滋肾为要。修练家多用此势来强健腰腿，滋补肾元。

“抱球”手，在上之掌为按掌，其拇指（传统修为将拇指端喻之为“玄英”穴）一端是手太阴脉的起始处，另一端则是顺手臂内侧上行到肩窝处有“中府”“云门”二穴。祖国医学认为，肺为五脏之华盖，肺调合百脉，肺脉一通，继之人身百脉皆通。肺经起在寅时，修练家、丹道家、练气士、医家、武术家都着重肺脉的调节及专修，故有每日寅时起来可以“生发周身之元气”之说。太极拳作为循经之武学，更是着重“肺经”的调节。即抱球姿式中，上面的拇指，应该对应在肩窝中府、云门位置，形成“感召”“互唤”，使肺脉顺通。而拇指之于肩窝处要有半尺之阔，以便肺脉宣发。

## 第三式　白鹤亮翅

### 操演谱文

右进半步宣虎坐，左出半步肝脾应。
双手抱印护襟胸，正展身姿神气升。
左右横开抚琴手，白鹤亮翅用意撑。
左下切掌行心气，右扬托掌运金风。

### 全体大用

白鹤亮翅右虎坐，两手抱印脉合全。
上下翻飞切掌挑，少阴心经气脉圆。

### 内脉循经

白鹤亮翅右坐虎，虎步凤头助肾元。
两掌同将中宫护，心肺交融在襟前。
黄婆脾土胃堪真，印掌虚合顾中原。
上有真华降海底，下有神水升至巅。
双掌横开抚琴功，右举金锋下火炎。
切掌离宫尊小娘，火炼真金紫气悬。

### 武学概谱

白鹤亮翅挑打胸，下切上展酒旗红。

## 动作要领

### 印盒掌 虎踞抚琴手 心经金气

**印盒掌** 又作“化机势”，接前势，右足进半步，同时双手掌心相对，如抱球状，右手在下（图 2–21、图 2–21 附图）。图 2–21 为正面，图 2–21 附图为侧面。

图 2–21

图 2–21 附图

**过渡势** 继前动作。同时双手顺时针划弧，右手在下，掌心相对如抱球状。右足踏落后左足尖点地（图 2–22）。

**虎踞抚琴手** 又称“虎踞”“子午桩”“吊马桩”。继前动作。进左步，足尖点地，右腿虎坐，同时双手分开，左掌下按至左膝外侧，右掌上扬至头右上侧，掌内旋外展，掌心向前（图 2–23）。

图 2–22　过渡势

图 2–23　虎踞抚琴手

**心经金气**　右手左转，掌心向前。同时左膝内扣，足尖点地，左手虎口圆撑，以利手少阴心经脉气血充宣（图 2–24）。

图 2–24　心经金气

## 教学要义

**印盒掌**　是由左进步龙形托掌进半步出半步，转入两手掌心相对，虚合抱在身前。这个动作是因下盘两腿微前出之，上身端然正直，有利于气脉上下循通，使之神意聚寄在两手及虚空脾胃处使精满神旺。

**心经金气**　继“虎踞抚琴手”后，动作不停，使内脉循经无差错之虞。

## 第四式　搂膝拗步

### 操演谱文

身形右转收左足，左掌扶封金肘横。
右齐听宫进左步，右为虎坐左腿平。
左掌搂膝肘横撑，身姿前移虎换龙。
右掌直取金宫地，前按指掌右腿蹬。
如此左转换身形，右手搂膝左掌腾。
复将身姿再右转，往返三换丁甲封。

### 全体大用

搂膝拗步虎坐宣，扶封掌持金肘悬。
下行搂膝掌后移，上过听宫指前穿。
穿掌化按金钟响，转身横肘又同前。
丁甲云封三才俱，左右搂膝虎龙蟠。

### 内脉循经

搂膝经运丁甲全，左右循宫气血圆。
上齐腮耳金锋动，转用心经五指前。
下执金诀绕膝过，虎跃龙腾肾水环。
摇身晃脊气脉生，命门灵台正应源。
横肘云封三才势，左右搂膝虎龙旋。
上动剑气并离火，下行真水达乾元。

### 武学概谱

搂膝拗步三才势，封膝闭胯过听宫。
进步后追龙雷掌，云封直透响朱陵。

## 动作要领

**金封横肘势 搂膝穿掌过听宫 进步虎坐势 龙行穿按掌**

**金封横肘势**　接前式。身姿取右虎坐，右手转腕立掌上行扬起，置于头右侧。右掌虚张，虎口向上，掌心向左。同时左手回收，横于胸前，左足尖点地（图 2–25）。

**搂膝穿掌过听宫**　继前动作。身姿取右虎坐，右手由立掌变穿掌，置于耳侧，右肘抬平；同时，左足尖置于右足侧，左足尖点地。左手由身前中线切掌下行，置于两膝之间；左手指尖向下，掌心向后，虎口向右（图 2–26）。

图 2–25　金封横肘势

图 2–26　搂膝穿掌过听宫

**进步虎坐势** 继前动作。左腿向左前方进步，左足踏实，身姿向左前方移(图 2–27)。

**龙行穿按掌** 又为搂膝斜行掌前伸，继前动作。左手以切掌在左膝前向左外侧划弧，至左膝左侧时变“按掌”，掌心向下，虎口对准左膝外侧，同时左腿伸直，左足踏实。右手由穿掌至身前右脉，过乳近胃处做切掌向前方推去(图2–28)。

图 2–27 进步虎坐势

图 2–28 龙行穿按掌

**进步金封横肘势** 继前动作。与图 2–25 左右相反(图 2–29)。

**搂膝穿掌过听宫** 继前动作。与图 2–26 左右相反(图 2–30)。

**进步虎坐势** 继前动作。与图 2–27 左右相反（图2–31)。

龙行穿按掌继前动作。与图 2–28 左右相反（图 2–32)。

搂膝拗步左右共 3 次。

图 2–29　进步金封横肘势

图 2–30　搂膝穿掌过听宫

图 2–31　进步虎坐

图 2–32　龙行穿按掌

## 教学要义

搂膝拗步每见世人多以“搂腰”的动作完成，此势顾名思义当是以手“搂膝”而过。

太极拳是“体用一焉”的操演锻练方法，亦要遵循“练时情中有，用时形内含”的拳诀。告诉学人，练拳时是怎样的练法，同时懂得用法。一旦遇敌施技出手，形态中自然含有技击的运化。

搂膝拗步之武技应用，以传统的划分，将人分作天、地、人三才，武学中又泛化为上、中、下三盘，即天盘为头、肩、胸，中盘为腰、背、胯，下盘为腿、膝、足。三才包括周身全部位，也就是说搂膝拗步可以袭击敌方之周身。其特点则是封膝、闭胯，听宫泛指头部。

“搂膝穿掌过听宫”和“龙行穿按掌”等动作为封金肘之横肘向下行之，转化成“搂膝”而后呈“抚按”掌势，五指向前，掌心向下，虎口对向“胯”侧。另一手以穿掌出之于头侧、耳轮听宫之处，虎口向上，五指向前，以穿掌前穿击之，复化按掌伤敌胸位。

### 太极保健

搂膝拗步行功之循，正顺应气血循经，即左搂膝拗步转化为右搂膝拗步，继而又左搂膝拗步，左右两臂交替反复循行，手之三阴三阳之循经得到宣彰。搂膝拗步可反复锻炼，经常练习可使腰、腿、手、足十分灵活。

## 第五式　手挥琵琶

### 操演谱文

右进半步换虎行，左出半步足放平。
左化扶封身前处，右掌后移合中宫。
手挥琵琶虎右坐，掌持前后挫敌锋。

### 全体大用

右进半步出半步，手挥琵琶动金弦。
断肘折肱擒拿闭，金锋掌法上下连。

### 内脉循经

手挥琵琶聚坎水，外应六合见经传。
煅平神火乾金势，太阴上下溶一团。
长持虎威壮腰腿，内滋肾气育真元。
平送眉目降肝火，静运金风期永年。

### 武学概谱

手挥琵琶穿化精，擒拿封闭断肘肱。

## 动作要领

**进虎步双缠大捋　老朽扶封闭门势　手挥琵琶**

**进虎步双缠大捋**　接前势。右足进半步，呈虎踞坐势，左右手同时向右上方起，身姿向左转（图2-33）。

图 2-33　进虎步双缠大捋

**老朽扶封闭门势**　又称“扶封掌”，继前动作。左出半步呈虎踞坐势，身右转，右手左行做“扶封掌”（图 2-34）。

**手挥琵琶**　继前动作。左手上行做穿托势，右掌后移守居中宫。虎踞右坐，两手掌形成挫（错）法（挫骨法）(图 2–35)。

图 2–34　老杇扶封闭门

图 2–35　手挥琵琶

## 教学要义

手挥琵琶势属于进击之法，眼看手这一习惯，切不可要。手挥琵琶以武学中断肘折肱法为之，武学中切忌看手。“武通于医”，武学是通过形体的运动、特定的武学动作，来达到锻炼的目的。主张“眼观六路，耳听八方”。

“全凭心意练功夫”，是把心神目光放在“手足照顾不到的地方”。“形于手指”是说以手指的动姿来表现拳中的“情”与“势”。拳诀有言“练时情中有，用时形内含”。“形于手指”并不是让人用眼睛看手、看指，而是用心神观注运动过程中手足所在的位置，体会招招势势的气血行经和武技演化。

眼看手的习惯，在整个套路中屡见不鲜，拳经说“进在云手，退在转肱”。再说“云手”吧，因为看手导致学人多限于左右摇头之嫌。如此动作怎么能做好“头顶悬”呢？倘若养成看手的习惯，到后来学习推手时便会眼花缭乱。

## 第六式　倒撵猴

### 操演谱文

倒卷肱法身退行，倒插前足落后踪。
右手后举通金气，两臂分争掌上擎。
后手前去化穿掌，前手后举托掌成。
后移左臂并左足，右臂右足亦同行。
坠身退走转腕变，连环四步倒转肱。

### 全体大用

坠坐虎步身退还，倒卷肱法后做前。
手足同展担山势，退行四步乘连环。

### 内脉循经

倒卷肱法后做前，前后一字臂横担。
乘取通背担山势，坠坐虎步身退还。
腰胯肩脊壮真力，左循右缠神在前。
上下循经经子午，右进左出气缠旋。

### 武学概谱

倒转肱法坠身退，穿掌罩面挫敌锋。

## 动作要领

### 二郎担山势坠走牵挽势

**二郎担山势** 接前势。右手向后回抽，左右两臂分为前后伸平，两手化掌上托，掌心向上。左手在前而左足亦在前。右腿屈蹲取坐步，右脚踏实落平，右手在后（图2–36）。

**坠走牵挽势** 又名“提龙腿倒插步”，继前动作。目光向前平视，身姿由左前侧后移，左转身形。右腿取站姿，微屈，忌僵直。提起左足，意欲后移落步，左足尖向下，取提龙腿（左）势。同时左臂回收，右臂由后向前做穿掌。左手平托，左肘与左膝相对应。右手虎口向上，右前臂抬平至右耳侧处（图 2–37）。

图 2–36 二郎担山

图 2–37 坠走牵挽

**二郎担山势**　继前动作。身后移，左足踏实为虎踞，左右手前后伸平做托掌。此势与图 2–36 左右相反（图 2–38）。

**坠走牵挽势**　继前动作。此势与图 2– 37 左右相反（图 2–39、图 2–40）。

二郎担山势 继前动作。此势与图 2–36 相同（图 2–41）。

倒撵猴共 4 次。

图 2–38　二郎担山

图 2–39　坠走牵挽

图 2–40　坠走牵挽

图 2–41　二郎担山

## 教学要义

“倒转肱”是由坠身退走的动作完成此势的。倘若我被敌方以拿法拑住手腕，可以用“倒转肱”之法解之。“穿掌罩面”为降敌之法。左右手形成一前一后、一攻一守之相互错落的手法招势。

## 第七式　左揽雀尾

### 操演谱文

将身右转退左足，混元球托左掌中。
上合右手平肩肘，前出左足运虎龙。
右手随势右下按，前掤左手齐肩胸。
十指前穿虚合掌，虎坐右翼捋要轻。
左掤右挤驰复前，太渊六脉细心听。
袖底藏有混元象，双掌前按法亦精。

### 全体大用

虎势右峙非等闲，右横金肘抱球圆。
左腾虎步擒龙姿，左掌前掤正当先。
搭手捋开龙换虎，回身挤手龙在前。
撤手后坐换虎形，龙行虎按神气全。
揽雀尾势左右展，左峙虎势球左悬。
掤捋挤按四法备，右掤左捋虎左还。

### 内脉循经

揽雀尾要势经拳，挤按掤捋守腰间。
后宣坐虎因命门，侧抱球势左右权。
托掌掤起金钟响，心肺肝脾五行全。
捋挤二法生气象，虎踞龙腾趁往还。
龙虎夺势尝进退，退身方显虎坐宣。
进势挤按虎换龙，全策再审大用篇。

### 武学概谱

揽雀尾分左右脉，掤捋挤按顺转行。
龙腾虎坐纵其势，二脉交宫虎换龙。
捋挤二法趁机使，掤按应机审虚灵。

## 动作要领

**右虎坐抱球　游龙分封　左掤右按　捋（两势）　挤（两势）　洗腕　按**

**右虎坐抱球**　接前势。身体右转，屈右膝为虎坐步，同时左足尖收在右足侧。左手收回，掌心向上为托掌，右手掌心向下，如扶按球状，抬肘与右肩平，上下掌心相对(图2–42)。

图 2–42　右虎坐抱球

**游龙分封**　继前动作。出左足向前迈一步，呈平足轻落状，此为虎踞势。右手接上势，为抱球之上手即抚球之势，左手起掤势（图 2–43）。

图 2–43　游龙分封

**左掤右按**　继前动作。右手下按，左手前掤。“齐肩胸”，是说左手前掤的高度与位置。同时身姿前移由虎踞转为龙腾（图 2–44）。

**搭手起捋势**　继前动作。此为捋之首势，左手由掤势变穿掌，顺势搭于对方左前臂处（图 2–45）。

图 2–44　左掤右按

图 2–45　捋（一）

继前动作。此两势同为捋势，右手做搭手状，同时左手回坐腕，顺身右侧捋开。这个动作的身姿改换，是由前势动作掤而呈“龙”姿，继而由“龙”姿转化为“虎”势的动作。复回身“挤”去，则是再由“虎”势更换“龙”姿（图2–46、图 2–47）。

继前动作。左掌心内旋翻转向内为掤，右手指点在左手之“太渊六脉”，为挤，两臂相合而生力。同时蹬右足，左腿前弓，向前挤掌。此为“挤”（图 2–48、图 2–49）。

图 2–46　捋（二）

图 2–47　捋（三）

图 2–48　挤（一）

图 2–49　挤（二）

右手下过左手神门穴向前穿出，外绕过左手背，双手合抱混元球，双臂上掤，下按至腹部，同时身体后坐。由“洗腕·抄手过神门”“涵胸前掤”，转入“双掌掤罩”“吸腹下按”，再继之“右揽雀尾·前按势”，完成按之动作（图 2–50 ~ 图 2–53）。

图 2–50 洗腕·抄手过神门

图 2–51 涵胸前掤

图 2–52 双掌掤罩

图 2–53 吸腹下按

## 教学要义

揽雀尾即太极拳掤捋挤按之运化。宗风名此为“混元四相”。又称混元四手，泛化而言太极四手。

张三丰祖师将其脉传演化为混元四手，开后来太极宗脉，以掤捋挤按四正手为混元四手，以采挒肘靠为混元化势，进（前）退（后）左（顾）右（盼）定（中）五行地位，创十三式，乃文武双传之内密，是当年张三丰祖师“出少林而创武当”宗传可考的依据。

“玉环之妙”，启于武途，因后来修真习武之人，难尽功中之辛劳。限于先后天之机缘所感，一些饥寒之士，病苦之身，老迈遗痕，心有灵而形衰，师祖遂授“玉环”之法，虽乾形而亦尽坤道，同归于妙，以证后来，大环遍迹，推演而示至今时。

## 太极保健

学人可专修“玉环”一法（参见“玉环桩”），可以通过修持而强身健体，待“修墙补屋”后，则可运化内功，踏入丹途，窥测武当真密神髓之一斑。

### 第八式　右揽雀尾

#### 操演谱文

回展身姿右后移，左抱球势左肘横。
右化托掌倾左位，右凤足落左足宫。
前掤右手进右足，换将虎踞化龙踪。

揽雀尾分左右脉，掤捋挤按四法明。

### 全体大用

虎势右峙非等闲，右横金肘抱球圆。
左腾虎步擒龙姿，左掌前掤正当先。
搭手捋开龙换虎，回身挤手龙在前。
撤手后坐换虎形，龙行虎按神气全。
揽雀尾势左右展，左峙虎势球左悬。
掤捋挤按四法备，右掤左捋虎左还。

### 内脉循经

揽雀尾要势经拳，挤按掤捋守腰间。
后宣坐虎因命门，侧抱球势左右权。
托掌掤起金钟响，心肺肝脾五行全。
捋挤二法生气象，虎踞龙腾趁往还。
龙虎夺势尝进退，退身方显虎坐宣。
进势挤按虎换龙，全策再审大用篇。

### 武学概谱

揽雀尾分左右脉，掤捋挤按顺转行。
龙腾虎坐纵其势，二脉交宫虎换龙。
捋挤二法趁机使，掤按应机审虚灵。

## 动作要领

**左虎坐抱球　游龙分封　左掤右按　捋挤（两势）函扣太渊　洗腕　涵胸前掤势　按**

**前按**　接前势。双掌向身前推掌，同时蹬右足，左腿前弓，即身姿由虎踞变为龙行（图 2–54）。

**横开太子掌**　继前动作。身体右转，同时右手随身体横开，两臂打开如一字。此势为过渡势（图 2–55）。

图 2–54　前按

图 2–55　横开太子掌

**左虎坐抱球**　继前动作。身体右转，屈左膝为虎坐，同时右足尖收在左足侧，右手翻转掌心向上为托掌，左手掌心向下如扶按球状，抬肘横于左肩平，上下掌心相对（图2–56）。

图 2–56　左虎坐抱球

**右掤左按**　继前动作。身体前移，左腿由虎坐后蹬，变右腿为弓步，即身姿由虎踞变为龙行。同时右托掌向前掤出，高与胸齐，左掌下按塌至腰胯（图 2–57）。

继前动作。右手由掤势变穿掌，左手顺势搭于右前臂处（图 2–58）。

图 2–57　右掤左按

图 2–58　捋（一）

左手做搭手状，同时右手回坐腕，顺身左侧捋开。这个动势的身姿改换，是由前动作掤而呈“龙”姿，继而“龙”姿转化为“虎”势的动作（图 2–59）。

复回身挤去，是再由“虎”势更换“龙”姿（图2–60）。

图 2–59　捋（二）

图 2–60　呈现挤之身姿

**函扣太渊**　继前动作。蹬左足，右腿前弓，同时右掌心内旋翻转向内，左手指点在右手之“太渊六脉”，向前挤掌(图 2–61)。

图 2–61　函扣太渊

左手下经右手神门穴向前穿出，外绕过右手背，双手合抱混元球，双臂上掤，下按至腹部，同时身体后坐。由“洗腕·抄手过神门”至“涵胸前掤”，继之“吸腹下按（一）”，再继之“按（二）”“按（三）”“按（四）”，完成按之动作(图 2–62 ~ 图 2–67)。

图 2–62　洗腕·抄手过神门

图 2–63　涵胸前掤

图 2–64　吸腹下按（一）

图 2–65　按势（二）

图 2–66　按势（三）

图 2–67　按势（四）

## 教学要义

参见左揽雀尾。

太极拳掤捋挤按四手，势势精妙，并非似常人认为那样简单。单就按法而言，则分如前几个过程，否则不能展示细致入微的内家法度，故操演谱文云“双掌前按法亦精”。

## 第九式 单鞭

### 操演谱文

内扣右足身左转，横运太极臂左倾。
易理大象复右环，左收凤足立右踵。
右起吊腕并勾手，左化单鞭前击应。
前倚左足成弓状，后持虎足换龙腾。

### 全体大用

翻掌腕打并勾手，三阳力至滚单鞭。
左掌直撞金锋脉，手足同威顾三前。

### 内脉循经

三阳气化同雷震，勾手吊腕滚单鞭。

### 武学概谱

勾手吊腕三阳力，单鞭一掌泰山惊。

## 动作要领

**左遮云避日 玉鉴照尘 右遮云避日 右勾手轮指循经势 左掌轮指循经势 斜挂势 中宫祭印掌**

**左遮云避日** 接前势。身体左转，左掌随身体向左扬起，掌心向外，右手稍下落（图 2-68）。

**玉鉴照尘** 继前动作。身体右移，为右虎步，内扣右足，伸平左腿，左手不变，同时右手化穿托掌横于胸前（图2–69）。

图 2–68　左遮云避日

图 2–69　玉鉴照尘

**右遮云避日**　继前动作。身体右转；右手由横手向右侧扬起，手心向上，同时左手下落（图 2–70）。

图 2–70　右遮云避日

**右勾手轮指循经势**　又名“吊腕勾手”，继前动作。右手扬至最高处化为勾手，左手由下向上，向右划弧至横肘托掌于胸前；同时左足以凤点头收于右足侧（图 2–71）。

**左掌轮指循经势**　继前动作。身体微左转，出左足平踏于地，为虎踞势；同时左手向前划弧，左手于胸前，掌心向内（图 2–72）。

图 2–71　右勾手轮指循经势·吊腕勾手

图 2–72　左掌轮指循经

**斜挂掌鞭**　继前动作。左手外旋转翻掌心，切掌向前推出。同时身体左转，蹬右足，左腿变为弓步（图 2–73）。

**中宫祭印掌**　又为“大舒大展循经势”。继前动作。左手向前平推出；同时右腿蹬直（图 2–74）。

图 2–73　斜挂单鞭

图 2–74　中宫祭印掌

# 第十式　云手

## 操演谱文

横行跨走自轻灵，左行虎坐右足平。
进手轮生呈有象，三步三跟合行踪。
云手双环通玄迹，进身摇脊任纵横。
左穿右撞右坐虎，左撞右穿虎左逢。
勾云拿月云盘手，三阳化力复按攻。

## 全体大用

云手三环行三步，横虎横龙左右旋。
双掌云挥摇身脊，勾云拿月金蛟剪。

## 内脉循经

云手三循撑云环，横行龙虎势要圆。
子午云掌摇脊过，上下相随气需缠。
三阳化力挤崩肘，肩胯封敌夺身前。
三环进步得攻手，金蛟云月任往还。

## 武学概谱

云手变化隐玄通，三进三合臂上攻。
勾云拿月云盘手，上下旋缠金肘横。
七星挂壁金蛟剪，左右用法一般同。

## 动作要领

**玉鉴中悬　左遮云避日　玉鉴中悬　铁门闭扇势踏阵执旗**

**玉鉴中悬**　接前势。身体稍向右移，双腿为横开步，左腿伸直；右手五指由勾手自然伸直，翻掌心向右，虎口向前，同时左手划圆托掌至丹田处（图 2–75）。

**左遮云避日**　继前动作。身体稍向左移；左掌随身体向左扬起，右手下落（图 2–76）。

图 2–75　玉鉴中悬

图 2–76　左遮云避日

**玉鉴中悬**　上势不停。左手翻掌心向外继续扬起，虎口向前，同时右手划圆穿托掌至丹田处；身体左移，左腿微屈（图 2–77）。

**铁门闭扇**　上势不停。身体右移，屈右腿，横行伸左足于身左侧。同时右手顺身形右移，顺势在身前顺时针而上旋，左手顺势伸平，左掌心向外（图 2–78）。

图 2-77　玉鉴中悬

图 2-78　铁门闭扇

**踏陈执旗**　继前动作。身姿向右展动，右腿实而左腿虚；左手以逆时针为方向，右手以顺时针为方向，两手同时左右交错做循环状。左手掌心向下，虎口向右，右手掌心向后，虎口向右（图 2-79）。

继前动作。此为重复势（图 2-80）。重复图 2-75、图 2-76。

云手左右共往返 3 次。

图 2-79　踏阵执旗

图 2-80　玉镜中悬

## 教学要义

云手之武学，尝言“进在云手”。其中变化多端，随功行日久，其技渐精。就宗风而言，三进三合，含有夺臂挫骨，折肱破臂之术，此法非宗传，不得其真。

# 第十一式　单鞭

### 操演谱文

单鞭一式重返顾，霹雷掌法震当胸。

全体大用与内脉循经同第九式“单鞭”。

### 武学概谱

再合单鞭连手使，神武铜雷震当胸。

## 动作要领

**采和渔鼓　摘盔刁手　切掌劈击**

此与第九式单鞭不同处在左手姿势不同，前者以平掌落，此势以切掌出。

**采和渔鼓**　接前势。身体稍向左移；左掌随身体向左扬起，翻转掌心向右，同时右手下落托掌于胸前（图 2–81、图 2–82）。

**摘盔刁手**　继前动作。身体右转；右手由托掌向右侧扬起，手心向上，右手扬至最高处化为勾手，左手下落穿托掌于胸前；同时身体微左转，为虎踞势（图 2–83）。

**切掌劈击** 继前动作。左手由下向前划弧，左手于胸前翻掌心切掌向前推出；同时身体左转，蹬右足，左腿变为弓步（图 2–84）。

图 2–81 采和渔鼓

图 2–82 采和渔鼓

图 2–83 摘刁盍手

图 2–84 切掌劈击

## 第十二式　高探马

### 操演谱文

勾手后化托掌起，右足半步跟前踵。
更令穿掌胸前占，回抽右手封丹宫。

### 全体大用

单鞭再接高探马，穿掌罩面气要圆。
前穿左掌拦手刺，回收右掌护丹田。

### 内脉循经

单鞭后宣虎坐势，高探马取拦手穿。
肾元双升运真水，金锋掌刺力更坚。

### 武学概谱

高探马上拦手刺，右蹬脚起玉柱倾。

## 动作要领

**捧鉴祭印　子午金锋掌　金锋刺喉**

**捧鉴祭印**　接前势。右足进半步；右勾手五指自然伸直，翻转掌心向下，绕过头向前按掌，同时左掌从切掌化托掌回收（图 2–85）。

**子午金锋掌**　继前动作。进左足，身姿后坐呈右虎踞坐虎势；同时右手平扶下落至身前，左手随之以左托掌、以

“穿掌”前穿击刺，左右手形成“子午交综”势（图 2–86）。

**金锋刺喉** 继前动作。随之身姿前展；左手以穿掌出之取“金锋刺喉”势，右手回抽在左臂下，取“封丹宫”之势；同时左足并踏为弓状，右足蹬平。即由右虎踞坐虎势身姿前移，为龙形之姿；继之左手前穿掌，右手回撤至左腋下(图 2–87)。

图 2–85 捧鉴祭印

图 2–86 子午金锋掌

图 2–87 金锋刺喉

## 第十三式 右蹬脚

### 操演谱文

回提右足凤点头，两掌前抄斩双锋。
分化双掌并开合，右蹬脚起玉柱倾。

### 全体大用

两掌开合双锋斩，手脚齐进达身前。
凤点头佩提龙腿，进步蹬脚玉柱掀。

### 内脉循经

右蹬脚藏提龙腿，凤点头起掌在前。
手足循经合真力，蹬脚击敌软肋间。

### 武学概谱

高探马上拦手刺，右蹬脚起玉柱倾。

## 动作要领

**转身黑虎拂面 捧沙掌 双封太子掌**

**转身黑虎拂面** 接前势。身体右转，双手向外、向上划圆至头部，掌心向上，呈捧沙掌势；同时将右脚提起呈凤点头势（图 2–88）。

**捧沙掌** 又为“太乙双封里合手”。继前动作。双手翻腕下落至胸前，同时将右腿提高做欲蹬状（图 2–89）。

**双封太子掌** 继前动作。两手继续由交叉相合向外展外推，同时右脚向前方蹬腿，左腿直立（图2–90）。

图 2–88 转身黑虎拂面

图 2-89　捧沙掌

图 2-90　左右双封太子掌

## 教学要义

内家武学，源于道家，凡是蹬脚分脚，切忌高抬腿脚，抬平即可。因武学出于修真，腿抬过高，而使“海底会阴”穴暴露，失之雅态，故内家有言“天门长开，地户常闭”，武学也是守此规矩。

## 第十四式　双风贯耳

### 操演谱文

右足收做提龙腿，双托掌在膝上横。
龙姿进步换金锤，双风贯耳着法灵。

### 全体大用

双风贯耳自古传，提龙腿上架双拳。
金顶奎牛通督脉，三阳崩发力最全。

### 内脉循经

收足提膝身正立，双风贯耳扣双拳。
进取三阳聚金鼎，宣通督脉冲上元。

### 武学概谱

双风贯耳高天下，金锤斗钻震听宫。

## 动作要领

**捧沙掌　金顶奎牛　钟鼓齐鸣**

**捧沙掌**　接前势。右足收回呈提龙腿势，两臂由“太子掌”下落转“双托掌”放在右膝上，呈“捧沙掌”即“双托掌”（图 2–91）。

**金顶奎牛**　继前动作。右足落地，身体随势前倾，左右双拳紧握，二臂左右横开。虎口向上，双拳由下向上挥起状（图 2–92）。

图 2–91　捧沙掌

图 2–92　金顶奎牛

**钟鼓齐鸣** 继前动作。双拳向前上方挥击，两拳距约一头（图 2–93、图 2–94）。

图 2–93 钟鼓齐鸣

图 2–94 钟鼓齐鸣

## 教学要义

“双风贯耳”是由金顶奎牛与钟鼓齐鸣两势组成的。顾名思义则可领会；以拳打听宫。因其手势以风贯穿耳道，震碎耳膜，继而达到伤脑之次第。听宫与脑受震使之受伤，这是此势的武学之用。双风贯耳可以灵活使用，不必拘泥。

## 第十五式 转身左蹬脚

### 操演谱文

横开两掌转身形，左足右收乘提龙。
双掌合抱护金鉴，提龙腿起左前蹬。
蹬脚复落中宫处，两掌紧收固金风。

### 全体大用

转身蹬脚腹上占，两掌同展护摆莲。

### 内脉循经

转身蹬脚起左足，同挥双掌护摆莲。

### 武学概谱

转身蹬脚腹上占，单鞭下势伏虎龙。

## 动作要领

**独立金莲　合抱金鉴　循缠屈蹬·转身左蹬脚　中宫气圆**

**独立金莲**　接前势。身体左后转，抬左膝于胯平，呈提龙腿。同时双拳五指自然伸直变掌（图 2–95）。

**合抱金鉴**　继前动作。双手外分划圆交叉两手于腕部，掌心向内（图 2–96）。

图 2–95　独立金莲

图 2–96　合抱金鉴

**循经屈蹬·转身左蹬脚** 继前动作。左手向前推出，右手向外展推，同时左脚向前方蹬脚，右腿直立（图 2–97、图 2–98）。

**中宫气圆** 继前动作。蹬脚动作完成后，落足置于中宫处（中宫即自然站立处）；两手臂也随之落下，合抱于胸前。此动作是“蹬脚”与“下式独立”间的间歇势（图 2–99）。

图 2–97 转身左蹬脚

图 2–98 转身左蹬脚

图 2–99 中宫气圆

## 教学要义

蹬脚的高度见“右蹬脚”。

按循经内练所言，且勿将急切之动作相连密切。而要以循经的原则来完成动作，故于此“蹬脚”之后，待中宫气圆方可进行下个动作。倘若蹬脚而后，紧接着做“仆腿”下势，怕是循经初习者无益，因此需将气机归元再练习，定无差错之虞。

## 第十六式　下势独立

### 操演谱文

右执勾手三阳俱，金刀金肘左横胸。
左遂仆腿削金玉，紫燕抄萍下沉峰。
纵身提足金鸡立，提膝上打偃月宫。
金锋穿掌随膝至，左足浑立左手封。

### 全体大用

单鞭下势削金铁，虎狻移身封肘肩。
提膝上打致命处，半阴半阳掌单悬。
古称金鸡独立势，左右双打上下翻。

### 内脉循经

下势赴腿分跨虎，勾手穿掌力横担。
纵身金鸡独立占，膝打挑掌朱陵参。

### 武学概谱

横肘切掌削金铁，挺身独立金鸡鸣。
提膝上打致命处，下伤二足难留情。

## 动作要领

**右独立单鞭 紫燕抄萍 下势单鞭 金鸡独立**

**右独立单鞭** 宗风中为“金刀赴会”。接前势。左足收回呈凤点头；右手向后扬起，至最高处化为勾手，同时左手以切掌于胸前横肘，并以左手拇指对右肩窝之“云门”穴。金刀之劈喻切掌，“金肘”喻胸前横肘（图 2–100）。

**紫燕抄萍** 继前动作。左腿落地伸平，右腿下蹲至极限。上身下俯；左右手姿势不变（图 2–101）。

图 2–100 右独立单鞭

图 2–101 紫燕抄萍

**下势单鞭** 继前动作。身姿渐向下俯，左足仆腿下势；左手以削切之势沿地面而击出，然后左手转向左足尖处击之，左手掌心向前方，虎口向上，余姿不变（图 2–102）。

图 2–102 下势单鞭

**金鸡独立** 继前动作。左腿直立，进右腿抬膝，左腿变为独立势，同时左手做“封护”姿，右手以“金锋穿掌”挑之，举在身前内含切掌（图 2–103）。

图 2–103 金鸡独立

## 教学要义

“金刀金肘左横胸”句，言左手以金刀之劈喻切掌，以胸前横肘喻金肘，指胸前肺络之脉，并以左手拇指对右肩窝之“云门”穴，以利“手太阴肺经”之循经。左足之“凤点头”之大趾间之“足太阴脾经”与“手太阴肺经”相为表里循缠。故以此谱句独阐其微。

## 第十七式 左下势独立

### 操演谱文

右执勾手三阳俱，金刀金肘左横胸。

左遂仆腿削金玉，紫燕抄萍下沉峰。
纵身提足金鸡立，提膝上打偃月宫。
金锋穿掌随膝至，左足浑立左手封。
左起勾手三阳俱，右撤扶封切肘横。
虎狻移身金顶落，削金截铁不可轻。
腾身左起提龙腿，右足独立展双锋。

### 全体大用

单鞭下势削金铁，虎狻移身封肘肩。
提膝上打致命处，半阴半阳掌单悬。
古称金鸡独立势，左右双打上下翻。

### 内脉循经

下势赴腿分跨虎，勾手穿掌力横担。
纵身金鸡独立占，膝打挑掌朱陵参。

### 武学概谱

横肘切掌削金铁，挺身独立金鸡鸣。
提膝上打致命处，下伤二足难留情。

## 动作要领

**左独立单鞭　虎狻移身　下势单鞭　拖刀赴会　右金鸡独立**

**左独立单鞭**　接前势。又名为“金刀赴会”。身左转，右足收回呈凤点头；左手向后划弧扬起，至最高处化为勾手，同时右手以切掌于胸前横肘，并以右手拇指对左肩窝之

"云门"穴。金刀之劈喻切掌，金肘喻胸前横肘（图 2–104）。

**虎狻移身**　继前动作。身姿下俯，右腿向右方伸右足为"仆步"，左足踏实，左腿下坐；左右手姿势不变（图2–105）。

**下势单鞭**　继前动作。身姿渐向下俯而降低。右足仆腿下势，右手以削切之势沿地面而击出。然后右手展转向右足尖处击之，右手掌心向前方，虎口向上，余姿不变（图2–106）。

图 2–104　左独立单鞭

图 2–105　虎狻移身

图 2–106　下势单鞭

**拖刀赴会**　继前动作。身姿渐起；右手以穿掌上挑，左手以勾手拖于身后(图 2–107)。

**右金鸡独立势**　继前动作。右腿直立，进左腿抬膝，右腿变为独立势；同时右手做"封护"姿，左手以"金锋穿掌"挑之，举在身前，内含切掌（图 2–108）。

图 2–107　拖刀赴会

图 2–108　右金鸡独立

## 第十八式　玉女穿梭

### 操演谱文

落下左足上右足，虎步左肘平肩封。
右化托掌齐左位，一上一下抱球生。
内旋球法分左右，双掌摇身虎换龙。
右行托掌滚肘架，下藏左掌撞中宫。
左足超越右足锋，右抱球持右肘横。
左掌上翻横肘降，右掌遂按穿梭声。

### 全体大用

左右穿梭抱球含，横肘上扬掌托天。
内旋球法左右位，下掩龙雷撞掌参。

斜走四宫封四隅，掤滚上架铁甲环。
只因此法轻灵便，唤做穿梭玉女传。

### 内脉循经

穿梭参做抱球姿，金风离火自周悬。
托掌外翻运心脉，按掌前推奏金弦。

### 武学概谱

玉女穿梭隅方变，斜行御敌四角封。

## 动作要领

**进步滚球　铁甲独龙掌　太极抱球　上步滚球**

**太极抱球**　接前式。左足平落为虎步；左手化切掌为扶封掌之扶球手，左上臂平肩相齐，同时双手掌心相对，在左胸前成抱球势（图 2–109）。

图 2–109　太极抱球

**进步滚球** 继前动作。身体前移进右足，然后蹬左足，右腿变为弓步，同时双手抱球向外旋转（图 2–110、图2–111）。

图 2–110 进步滚球

图 2–111 进步滚球

**铁甲独龙掌** 继前动作。身体右转，向右倾斜；右手外翻向上滚，架在头右上侧，左手掌向前按出（图 2–112）。

**太极抱球** 继前动作。身体左转，收左足尖于右脚侧；同时双手抱球呈右虎坐抱球，右手在上，左手在下（图2–113）。

图 2–112 铁甲独龙掌

图 2–113 太极抱球

**上步滚球**　继前动作。身体前移进左足，然后蹬右足，左腿变为弓步；同时双手抱球向外旋转（图 2–114、图2–115）。

图 2–114　进步滚球

图 2–115　铁甲独龙掌（侧面）

**铁甲独龙掌**　继前动作。左手外翻，向上滚架在头左上侧，右手掌向前按掌（图 2–116）。

图 2–116　铁甲独龙掌

## 教学要义

“玉女穿梭”势乃太极拳中以活步斜隅御敌、防范与出击同奏之法。

## 第十九式　海底针

### 操演谱文

海底针蹲右坐虎，虚点左足落地轻。
左掌撤在膝边护，右用穿掌直下冲。

### 全体大用

海底针要躬身就，下用穿掌惊丹源。

### 内脉循经

海底针要躬身就，左封右刺取丹田。

### 武学概谱

海底针要躬身就，金锋掌刺金丹庭。

## 动作要领

**虎坐蹲身 海底针**

接前势。右腿前跟半步，然后进左足，足尖点地，右腿屈膝下蹲，身体微前倾；同时右手向后划圆弧收至右肩处，再向前下方穿掌下插，左手置于膝边（图 2–117、图2–118）。

图 2–117　虎坐蹲身

图 2–118　海底针

## 教学要义

“海底针”是躬身俯首，闪过敌锋，而以穿掌刺敌的招势，故谱文言“海底针要躬身就”。“穿掌”即以指法戳击而成降敌之杀法。“海底针”则是以穿掌来戳击降敌之小腹丹田穴。

### 第二十式　闪通背

#### 操演谱文

闪通臂起左步腾，龙形虎跃右足蹬。
右手护头横架肘，立出左掌托架功。

#### 全体大用

忽然上封金阙顶，右翻横肘闯金乾。

闪通背上托架功，身取龙姿见真诠。

### 内脉循经

闪通背势左为攻，身腾龙姿掌转旋。
右翻横肘封金顶，右腿蹬送左在前。
上扬翻手金催火，龙形推掌撞金团。

### 武学概谱

闪通背起托天手，斜身横架闯龙形。

## 动作要领

### 起身化机势 抢步前趋 推窗望月

**起身化机势** 继前势。身姿直立，右腿站立，左足于右足侧，呈凤点头；右手上提于身前，左手回撤以“金锋掌”待之（图 2–119）。

**抢步前趋** 继前动作。随之左足提起前踏，以龙形虎跃之势前趋，遂蹬右足（图 2–120）。

图 2–119 起身化机势

图 2–120 抢步前趋

继前动作。右手以护头之姿横架于头右上，同时左手以托架之势出之，呈现传统之“推窗望月”（图 2–121）。

图 2–121　推窗望月

## 第二十一式　搬拦锤

### 操演谱文

转身搬拦锤三更，虎换龙威身展形。
右反砸锤降肘势，左手右拦金肘横。
左进一步纵其力，挺身后足乘势蹬。
三阳气贯左右脚，右握金锤击不空。

### 全体大用

进步搬拦肋下使，反砸外降封肘拳。
三阳气会身手足，右握金锤崩惊团。

### 内脉循经

进步搬拦胁下使，右砸左拦龙虎全。
右足上前横金肘，后足蹬时贯右拳。

### 武学概谱

搬挡锤打降肘势，右搬左拦龙虎迎。
连珠三势藏变化，手执玄锤肋下生。

## 动作要领

**搬　反背砸锤·外降肘　右虎踞势　右握金钟**

**搬**　接前势。身姿右转，左腿弯立，右足进步在左前方，步呈环状；右手由下至上“搬”之（图2-122）。

**反背砸锤·外降肘**　继前动作。左掌由左侧方向右胸前横肘拦之，呈“左手右拦金肘横”。右手化拳，以反背砸锤势呈“降肘”势；同时身姿呈虎踞势（图2-123）。

图2-122　搬

图2-123　反背砸锤·外降肘

**右虎踞势**　继前动作。左足进步于右足前，右足在后，一前一后形成支撑身姿的合力，内含虎踞换龙姿的威态(图2–124)。

**右握金钟**　继前动作。蹬右足，左腿变为弓步；随之右拳从腰间向前直击，同时收左掌于右肘处（图 2–125)。图 2–126 为侧位大架。

图 2–124　右虎踞势

图 2–125　右握金钟

图 2–126　侧位大架

## 第二十二式　如封似闭

### 操演谱文

左化穿掌神门下，左右两掌托化成。
回展混元球玄转，如封似闭扑按攻。

### 全体大用

左取穿掌救右急，左右两手护正颜。
如封似闭云环持，化做撞掌动金玄。

### 内脉循经

如封似闭洗腕缠，掌趁金宫顾盼间。

### 武学概谱

如封似闭顾盼定，全凭两手护正中。

## 动作要领

**洗腕双托掌　右虎踞·双掤　右虎踞·扑按　龙腾·双云撞掌**

**洗腕双托掌**　接前势。左手化穿掌，于右手腕部“神门”穴处掌心向上穿出。右拳变掌，双手如托掌捧球状（图 2–127）。

图 2–127　洗腕双托掌

**右虎踞·双掤**　继前动作。双手翻腕上掤，同时身体后坐，左腿伸直（图 2–128）。

**右虎踞·扑按**　继前动作。双手坐腕下按（图 2–129）。

图 2–128　右虎踞·双掤

图 2–129　右虎踞·扑按

**龙腾·双云撞掌**　继前动作。蹬右足，左腿为弓步，同时双手掌前推(图 2–130)。图 2–131 附图为侧位大架。

图 2–130　龙腾·双云撞掌

图 2–130 附图　侧位大架

## 第二十三式 十字手

### 操演谱文

右转身姿展右臂，两掌开合照前胸。
收拢右足身站立，两腿微立期正中。

### 全体大用

右转身姿合双掌，十字手封金轮前。

### 内脉循经

双抄掌拢合天地，十字手挥正胸前。

### 武学概谱

十字手法变不尽，开合顾盼运神明。

## 动作要领

**左移捧沙掌 餐霞掌 右移捧沙掌 右凤点头十字手 十字手**

接前势。身姿右转，右臂展开。此为过渡换势（图 2–131）。

继前动作。身姿左移；双掌掌心朝前，手势下落，呈“左移捧沙掌”（图 2–132）。

**餐霞掌** 继前动作。身姿中立（图 2–133）。

继前动作。身体右移复呈“右移捧沙掌”（图 2–134）。

图 2–131　过渡换势

图 2–132　左移捧沙掌

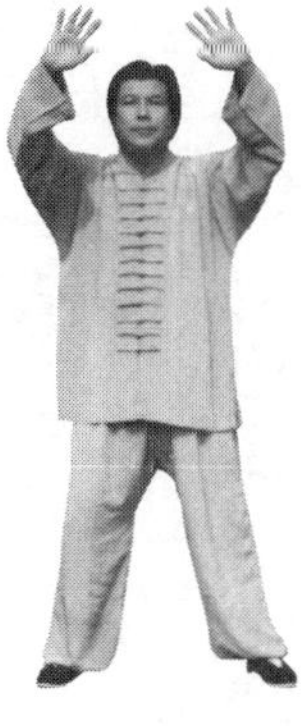

图 2–133　餐霞掌

图 2–134　右移捧沙掌

**右凤点头十字手**　继前动作。右脚以凤点头势收回，双手以捧沙掌由下向上似捧沙而起（图 2–135）。图 2–136 为侧势凤点头。

**十字手** 继前动作。自然站立，两掌以捧沙掌化为十字手，掌心向里朝面部及胸上部（图 2–137）。

图 2–135
右风点十字手

图 2–136
侧式风点头

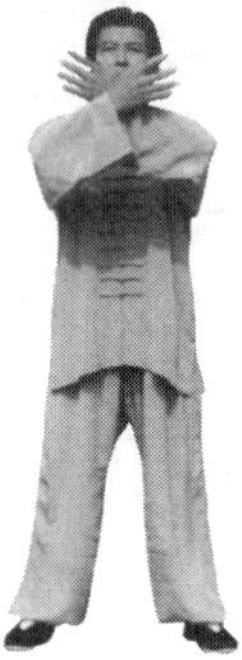
图 2–137
十字手

## 第二十四式 收势（合太极）

### 操演谱文

双掌外翻两侧落，太极合手势完成。

### 全体大用

两掌外翻复下落，身姿微立收真元。

### 内脉循经

两掌下落收招势，合神会脉敛真元。

## 武学概谱

两掌外落合太极，二十四式操练成。

## 动作要领

**两掌外翻下落　气脉归元　指掌下落·敛气入窍还原**

**两掌外翻下落**　接前势。双手外分翻转慢慢下按（图 2–138）。

此为“气脉归元”，继前动作。两手落至小腹前（图 2–139）。图 2–140 为侧位细部。

图 2–138　两掌外翻下落

图 2–139　气脉归元

图 2–140　侧位细部

**指掌下落·敛气入窍** 继前动作。收掌于两腿侧，身体自然站立（图 2–141）。

继前动作。复回还原，即练拳起势之先状态，完成太极拳的全部演练（图 2–142）。

图 2–141　指掌下落·敛气入窍

图 2–142　还原

## 操演谱文

二十四式心意会，体松气固神要宁。
太极行拳操演后，体魄康健自有情。

## 全体大用

真气循通廿四式，三昧精神气敛全。
周经百脉无休歇，一气通真太极拳。
先师传拳经范势，后学拳经证前源。
全体大用意为主，宣合百脉自通玄。
有法有术名太极，阴阳动静气血宣。
神意相合全武道，天下英豪尽延年。

### 内脉循经

外周拳脚廿四式，内应百脉气血宣。
行拳凝神开文武，经运内脉自循缠。
初知内脉循经注，再审祥和血气源。
十二经行太极轮，八脉奇经自循传。
以武弘仁证玄机，以神推脉期天然。
感而遂通精斯道，艺精于勤费经研。
辗转相习无休歇，精意揣摩见真诠。
古传太极练神意，经研内脉效前贤。
太极操练天行健，始知太极非等闲。

### 武学概谱

前取诸法参古意，今演简化寄有形。
此谱应作蒙教化，育彻初学权武情。
遇敌上前迫近打，仔细钻研待艺精。
习武尚需真传授，式式法法要记清。
文武之理浑为一，分厘不错细审听。
展卷操拳会古意，莫让岁月等闲更。

## 教学要义

太极拳生命的出现，则是张三丰祖师“欲使天下众英豪益寿延年”之弘愿，对习练太极拳的人具有健康长寿、永葆青春的永恒意义，非徒有技击之末耳。

祖国医学所言“有其内必形之于外”，通过外在有具体操练的行功，二十四式太极拳有形象的锻炼，内在的百脉调合和气血充盈是在拳脚动作过程中体现的。谱文言“外周拳脚廿四式，内应百脉气血宣。”外练拳脚动作，内应宣合气血，这才真是传统的武学循经太极拳的特点。

宗风之武学，有谱文经典传宗为文，有招势名称、动作、意义的学习为武。文武合参，乃宗风传真。通过外在的文武两大途径阐述道理，叙说武学之精湛，同时内操内练，有内外同步的练习方法，配合经络运行，宣合气血，推动内脉的循缠，从而到达武途武学的真实境地。从人身气血精神之操持锻炼，乃至走向“以武弘仁”之道德的操修，参玄印证自然界与人的生命生活的契机。从肤浅地初步学习太极拳运动，努力到以神意相推，影响着身体内的血脉精气，领会“神水来潮”“以神推脉”，以期自然之天性豁达，智明达化境界。达到真如妙境，“感而遂通”的地步，以拳艺所会，再造精神，精于斯道。

正如古人所教化那样，“业精于勤”，“游于艺”。这条路是颇费精力的。传统的太极内脉是以神意为用，“意气君来骨肉臣”。通过“精研”太极拳操持，才能达到继承传统，效宗古人，使民族精神之瑰宝得以弘扬光大。

太极拳的武学并不是着重“技击夺魁”，其高深玄妙之处是与道合真。通过太极拳每日操修，形成自然，合于古人所谓“天行健，寿而康”之境界。能站在这个知识领域中去理解和学习相同的太极拳，操演内练，始知民族传统太极拳这个古老而又年轻的生命，真是“非等闲”啊！

# 第三章　循经太极拳的准备动作

## 第一节　小炼形概论

按照传统丹经武学的修持阶段，是先练动功后练静功。先练动功是通过运动的方式，打开周身的关窍要道，以利于真气在体内运行。体内的真元之气，像流水一样，按照水流的渠道遍布周身，这个渠道内系人的脏腑，外通人身肢节、骨骸、皮肉，即是古人在传统的祖国医学中所言的经络。练习太极拳的第一步则是宣和气血，疏通经络，继而达到练功的目的。

形乃人之体魄，炼为改变身心之过程，炼形二字是具体通过特种锻炼的方法，使身心体魄得到应有的改善，因而称之为炼形术。

导引是在炼形的同时，改变人身内载之潜能，使经络、脏腑、筋骨、皮肉、毛发等部位随着功法的变化得到应有的改善。

小炼形功法源于古代的导引术，是祖国丹道武学的基础。其原理是以调动内气、顺其自然、分宫剖析等方法，外炼筋骨皮肉，内凝真元精气。调动营卫之气，对症导引，疏通经脉快，效果显著。

由动功入手的小炼形，每个动作都有它特定的功效，且按照固定的程序进行，以达到预期的效果。这种简单易行、随手奏效的小功法，古人把它称之为“小炼形”。顾名思义，是通过锻炼的手段，达到调节人身的形体过程，这个过程就是小炼形的修持过程。

小炼形功法针对性很强，它先通过局部合理、有节奏地运动，来打通练功过程中较难畅通的经脉穴道。然后进行局部的气机循环、导引，使练功之人短时间内能尽快调正气机，进入正常的锻炼。如：金锋抖肘，动作简单，只通过阴阳手的转换，两臂向后抖动及肩关节的滚转力，就调正了膻中、夹脊、大椎、肩井、云门，章门、期门等穴道。活动了内脏，调整了呼吸，扩大了胸、肺容量，使人身体的上半部得到了改善。而“跨虎横云”及“提龙腿”，又疏导命门、会阴、涌泉等穴道，调节了足三阴，足三阳的气机交注，注重疏通下肢的经穴脉道，使气机左进右出，右进左出，以利于下步行功。而“摇身掌”又是通过拍打、振动的形式，进行全身调节，使膻中、夹脊、丹田、命门，通过掌的发力，产生振动与共鸣，迅速向外扩散，使阳刚外越，是调正周身气血巡行的最佳方法，而且又是强壮筋骨的一种排桩办法。“醉翁扑蝶”“虚弥振翅”等动作是通过自身的牵引及扭转来调节周身的筋脉，提高了人体的柔韧性及内在素质，使人矫健、灵活。通过导引打通了周身的经络，达到气与力合，为内功运转、武技演化奠定了基础。

# 第二节　小炼形动作详解



### （一）金锋抖肘

“金锋抖肘”，是由两臂掤起、掤手展动、掤手照面、双仰托掌、金轮交注、金锋抖肘、穿掌前移 7 个动作组成。

**功效作用**

自然抖动，可疏通经络，活动前胸、后背、双肩的关节。通过手臂所发出滚转力的运动，直接打开膻中、夹脊两大要穴；增强胸腔脏腑的活动，调节手三阴、三阳的气脉循环。

**名词解释**

“金锋”是指手太阴肺经的内景在行功中的说解。祖国医学认为，肺在五行中属金，肺为五脏之华盖，位在最上，其色白，其形圆，故气机交注谓金轮。抖肘武技合于肺金，金从革为刃，故此为金锋。

**行功图解**

**预备势**

自然站立，两臂下垂；头要中正，两眼平视前方；身体成一直线，百会与会阴相合；两腿站直，不得弯曲，足距与肩等宽；全身放松，消除杂念　（图 3–1）。

**两臂掤起**

两手掌同时展动，以中指为中线，转腕带动前臂，手背向前，掌心向后；两臂向上抬，内含掤劲，两臂自然运动（图 3–2）。

**掤手展动**

两臂化掤力上抬，臂抬平则止；两手吊腕而起，手要舒适自然，十指下垂（图 3–3）。

图 3–1　预备势

图 3–2　两臂掤起

图 3–3　掤手展动

**掤手照面**

掌心向下，两臂抬平；转腕捽掌，十指与膻中相对（图 3–4）。

**双仰托掌**

手臂向外滚转，以臂带动腕，翻转双掌，十指向前，掌心向上；肘微下沉。掌如托物状，形成双托掌（图 3–5）。

图 3-4　掤手照面

图 3-5　双仰托掌

**金轮交注**

继上势。拇指外展，两掌分开尺许，肘向后移动（图 3-6）。

**金锋抖肘**

①上势不停。肘向后击出，用前臂转腕时所发的滚转力（图 3-7）。

图 3-6　金轮交注

图 3-7　金锋抖肘

②两臂抖动，两肘向后发力移动；随之胸腔、两肩及手臂得到锻炼（图 3-8）。

图 3-8　金锋抖肘

**穿掌前移**

①向前移动大臂，带动两肘前行；向内滚转前臂，转腕，掌心向下；十指向前做穿掌（图 3-9）。

②两臂推动两掌；十指化穿掌（图 3-10）；取掤手照面动作，向后往返，滚转前臂，复将肘击出反复运动。

图 3-9　金锋抖肘

图 3-10　金锋抖肘

## （二）摇身掌

“摇身掌”一势，是由荡臂而起、击掌而落、荡臂反弹等动作反复运动组成。

摇身掌分为主势、化势、余三势运动行功。

**功效作用**

随着拍打的部位，达到锻炼的目的，促进气血循环，使气力合一，调节运动频率。主要开通丹田、命门、膻中、夹脊，用动功打开行功的三关九窍。达到水火既济的内景（命门、夹脊属督脉，膻中、丹田归任脉）。

**名词解释**

“水火既济”出于周易坎宫第四卦，祖国医学、传统隐语把人身中的气脉分为阴阳，任脉属阴，督脉属阳。先天肾水为坎水，命门真火为阳火；又指心为离宫为火，肾为坎宫为水。既济是指阴阳气脉调和到最佳状态，心火下降，肾水升腾，心、肾二气相交。

**行功图解**

**摇身掌主势**

预备势

详见金锋抖肘（图 3-1）。

荡臂而起

两臂以舒适、活泼之力，由腿侧前、后摆起；左臂向身后腰背处移动，右臂向身前丹田小腹、胸前膻中前移动；左右臂同时运动，全身协调一致，灵活自然（图 3-11）。

图 3-11　荡臂而起

击掌而落

右手继前动作不停，落于胸前膻中处，左手继前动作不停，以手背击落在背后夹脊处，右手为单摔掌，左手为反背摔掌（图 3–12）。

荡臂反弹

借击在身体上的弹力，将右臂抬起向右后方移动；左臂抬起向左前方移动（图 3–13）。

图 3–12　击掌而落

图 3–13　荡臂反弹

荡臂而起

两臂自然协调而动，左手向胸前膻中处击去；右手向背后夹脊处欲击（图 3–14）。

击掌而落

如图 3–12 所示，左手击在膻中处，右手击在夹脊处。然后两臂荡出。左右手反复运动。

化势

由荡臂而起，击落在肩头、夹脊（图 3–15、图 3–16）。

图 3–14　荡臂而起

图 3–15　化势（正面）

图 3–16　化势（背面）

**摇身掌一势**

水火既济

由预备势至荡臂而起，击掌而落，前手击在丹田小腹处，后手用反背摔掌击在命门腰际处（图 3–17）。

化势

两臂荡臂而起，击掌而落打在肩头；后击反背摔掌于命门腰际（图 3–18）。

图 3–17　水火既济

图 3–18　化势

**摇身掌二势**

反背摔掌

预备势起，两臂参差向身后移动，左右手交替，反背摔掌击落在背后、腰际命门处（图 3–19、图 3–20）。

图 3–19　反背摔掌

图 3–20　反背摔掌

**摇身掌三势**

双掤撩掌

由预备势两臂向左右张开，松静活泼而起，臂发掤力，以撩掌而动（图 3–21）。

击掌而落

两臂同时向下落，两掌击在腿侧，中指对准风市穴（图 3–22）。

此动作反复运动，与前势交替进行。

图 3–21　双掤撩掌

### （三）跨虎横云

图 3-22　击掌而落

“跨虎横云”分为三势练习，一势是移动重心，外展足、内扣足的运动；二势是继一势的基础上大跨步，喻之飞身跨虎；三势是大幅度练习，为跨虎横云。

**功效作用**

通过动作的反复运动，重点调节足的三阴经脉、三阳经脉的气机交注，通其经络，活动腰、胯、膝、踝关节，以开会阴（即海底、至极）。

**名词解释**

“跨虎横云”，隐语，虎为血光之神，为意。“跨虎”，指通过练功修持的方法，来调节自身的血脉流注，以意行功。“横云”，指其变化如云，无定姿之意。武技中另有内涵。

**行功图解**

**跨虎横云一势**

重心左移

重心向左移动，将左脚踏实，右腿顺势将足尖前掌离地抬起，右脚足跟着地（图 3-23）。

右足外展

以右脚足跟为轴，右脚尖外展翘起，左腿顺势自然弯曲（图 3-24）。

右足外展至极限。

图 3–23　重心左移

图 3–24　右足外展

右足内扣

以右足跟为轴，足尖内扣至极限（图 3–25）。复之以右足踏实，以左脚足跟为轴，外展至极限，然后内扣至极限。重复动作，以左足踏实，外展右足。重心随动作移动，交替进行。

图 3–25　右足内扣

**跨虎横云二势**

飞身跨虎

大跨步，两手自然下垂，随之摆动重心右移；左腿伸直，右腿弯曲，左足落地，足尖翘起（图 3–26）。

左右交替反复动作。

**跨虎横云三势**

横云伏虎

继二势后大幅度练习（图 3–27）。

图 3–26 飞身跨虎

图 3–27 横云伏虎

**（四）提龙腿**

此势比较简单，是“提龙吊足”化为“蛇弹”的腿法，此为动功一势，后有站桩一势为“黄河置足”。

**功效作用**

由简单易行的运动开始，活动腿的关节，达到调顺气机，以顺阴阳之道，打开涌泉穴，以利内景交注，合于自然。

**名词解释**

“提龙”二字源于内景中的气机交注，阴阳经脉的气机交注往返循环，形成一个太极周经，阴极而生阳，阳极而生阴，往来势如穿梭，势若蛟龙。又指提龙——易经，九五飞龙在天。提龙者喻阳气升腾之意，通过修持炼化纯阳之健。

**行功图解**

**提龙腿一势**

预备势

详见金锋抖肘（图 3–1）。

提龙腿

①重心移在左腿，右脚尖点地，右膝弯曲（图 3–28）。

②右膝向左侧移动；右脚尖点地不离，随之自然动作（图 3–29）。

图 3–28　提龙腿

图 3–29　提龙腿

③右膝由左向右划弧运动（图 3–30）。

④向右至极限（图 3–31），然后恢复右膝左移。

图 3–30　提龙腿

图 3–31　提龙腿

①~④动作反复运动，划圈数次。右足尖不离开地面（左右腿交替行功）。

**提龙腿二势**

此为站式桩势。

**功效作用**

以挺拔身体、壮筋骨强肾、增力收腹来调节气机归元。两臂合抱以充内力。

**名词解释**

黄河置足——内景功中，黄河是指会阴，又为三江口、海底穴。在太乙气化过程中，冲脉、任脉、督脉三流合涌而出，冲开阴蹻库会阴穴。黄河置足，当解为大周天的循经导引，是指从会阴穴到足心涌泉的循注交流。

**行功图解**

重心移于一腿，站直而立稳，另一腿屈膝，用两臂抱起，身体站直挺拔，头要正，不能低。两腿交替动作（图3–32）。

图3–32 提龙腿

**提龙腿三势**

提龙腿三势是行功，俗称“走桩”，是以抬膝吊足而起，向前行走。是将气机下注于掌心劳宫穴和足尖及足心涌泉穴。

**功效作用**

此势以活动筋骨的行功来调节内力运行，达到锻炼的目的。

**行功图解**

自然站立，重心移于一腿，将另一腿提膝上抬，周身自然协调，舒适活泼（膝尽量高抬），然后落步向前，左右脚交替运动行走（图 3–33）。

图 3–33　提龙腿

## （五）醉翁扑蝶

“醉翁扑蝶”一势，是由太乙分身、转身欲扑、右手左扑、起身欲立、左手右扑 5 个动作组成，反复运动行功。

**功效作用**

从表象的抻筋拔骨，到内力运转的内景气化，始终调节人体自身的气机交注，使筋骨、皮、髓内的气机转化平衡。

**名词解释**

“醉翁”喻指反俗的天真，内景功中的颠倒之象。“扑蝶”喻指为虚幻中的概念，又指庄周化蝶之典故，谓之修真的阶段，要达到离俗返真。此指灵活畅达的气机转化为纯阳之象，动静怡然，喻之“醉翁扑蝶”。

**行功图解**

预备势

详见金锋抖肘（图 3–1）。

太乙分身

两腿站直，两足相距大于肩宽，两臂平行，左右伸成一字，手指伸开，掌心向下（图 3–34）。

转身欲扑

两臂伸直，站立不动，身体左转；右臂向左下方移动，掌心向下，左臂顺势伸开向后移动（图 3–35）。

图 3–34　太乙分身

图 3–35　转身欲扑

右手左扑

弯腰下俯，头抬起，不能低下；右臂伸开，右掌心向下，向左脚尖外侧扑按而下，左臂随之而摆动，以伸腰、抻臂为主（图 3–36）。

起身欲立

继上势，提起右手，略起身，身体向右稍转；左臂放下，继而伸开；身体右转（图 3–37）。

左手右扑

继上势，左臂伸开，掌心向下，向右脚尖外侧处扑按；右臂随之摆动，抬头（图 3–38）。

图 3–36　右手左扑

图 3–37　起身欲立

图 3–38　左手右扑

往返数次，左右交替进行，然后慢慢起身复原。

### （六）虚弥振翅

“虚弥振翅”一势，由两臂横开、右侧伏身、右伏振翅、左侧伏身、左伏振翅数势组成。

**功效作用**

从起势开始，沟通自身与宇宙自然界的气机交注，从而达到外运肢骸，内练脏腑，精、气、神互为转化及活动腰、胯、四肢的锻炼。

**名词解释**

“虚弥”是指传统道家的内功转化所专习的功法，俗称“虚弥掌”，以掌法行持内功，用来调节自身的气机交注。“振翅”是指羽化的内景阶段，对两臂气脉周循的调节。武技的演示过程也包括在内。

**行功图解**

两臂横开

两足距宽于肩，合适为度。自然站立；两手臂横开一字伸直，两掌心向外推出（图 3–39）。

右侧伏身

胯微左移，身体向下侧俯，两臂伸开（图 3–40）。

图 3–39　两臂横开

图 3–40　右侧伏身

右伏振翅

继前动作。身尽力下俯，右臂伸直，右手掌心下按在右脚外侧（图 3–41）。

图 3–41　右伏振翅

左侧伏身

胯微右移，身体向左侧俯，两臂伸开（图 3–42）。

左伏振翅

继前动作。身尽力下俯，左臂伸直，左手掌下按在左脚外侧（图 3–43）。

左右交替数次。

图 3–42　左侧伏身

图 3–43　左伏振翅

# 第四章　循经太极拳推进循经的基础

## 第一节　混元四手

丹道自古流传，远可追踪汉、唐，当时诸众仰崇道迹，故留下丹脉之学。

天地造物，万物同缘，阴阳而道，化合人天。易象中阴极而生阳，阳极而生阴，互为互体。凡武当诸学人以武当的“缘法桩”来作为专修标准。“混元四手”又称“玉环桩”“玉环之妙”，启于武途，因后来修真习武之人，难尽功中之辛劳。限于先后天之机缘所感，一些饥寒之士，病苦之身，老迈遗痕，心有灵而形衰，师祖遂授“玉环”之法，虽乾形而亦尽坤道，同归于妙，以证后来，大环遍迹，推演而示至今时。

实践中证明，无论男女，甚至身体虚弱的人，都可以练习，只要是能扶着墙勉强地走上三五步这样体质的人都可以练玉环桩。玉环桩适于年迈体衰、久病初愈、元气亏损之人习炼，通过数十天的锻炼，身心自有改善之势，使之强健身心，用以疗疾，人人可习。玉环桩适于科研人员、文化艺术等专业人才学习，使之对古老的“丹经道法”“易理阴阳”“纳甲卦象”等东方传统文化，通过切身感受，有深刻的认识，体会“天人合一”以及修真的概说内容。玉环桩适于青少年锻炼，启迪智慧，益于心肾，利于筋骨，使之有动中乐律，动中求静，增进各类文化文体艺术活动。玉环桩更适于武技、内功、医疗等专业人才之增进功力的专修，可增进武技功效。

玉环桩是在自我的动态中调节本身的血脉元气，即不用力，在先天、后天、呼吸、穴位……任何概念都没有的前提下，从不协调到协调，动作的快慢和速度可根据自己的情况量力而行。实践证明，玉环桩这个密持功夫，同时也是康复自我、健全身心的专习专修。

玉环桩左右循行，周而复始，往返无间，达到一定的数量，达到一定的锻炼程度，方可休息。

玉环桩功法是由 8 个动作组成：二仪呈象、隐现虚灵、金顶沉锋、予注中元、水撞金轮、丽龙含珠、玉虚呈华、金风返真。

二仪呈象

自然站立，目光平视（图 4–1）。重心移于右腿，左腿自然向前迈出一步；同时两臂向前扬起，左手在前，右手在后。两肘微屈，掌心向前，五指呈爪形，指掌放松，目光平视，周身协调（图 4–2）。继上势，重心前

图 4–1

移，左腿呈弓形，膝前屈不超过足尖，右腿伸直；两掌向前推出，掌心微向外“吐”。两臂屈中求直，不可僵直。身体顺势微向前倾（图 4–3）。

图 4–2

图 4–3

隐现虚灵

继上势。以腰胯为主宰，重心后移，以身形带动两肩，以肩带手；两足踏地不动，两腿相随身形（图 4–4）。

图 4–4

身体重心移至右腿，左腿伸直不僵化；两臂肘继向后移动，两手收回至膻中际、胸前时，掌心相对，两手呈抱球状（图 4–5）。右掌心向上，右肘后移，左臂上抬，翻转掌心向外，至额前，距头一拳有余。身形上姿不动，微做下沉坐势（图 4–6）。上势不停，两臂同时动作，左手做托架姿置于额顶，同时右臂上抬，肘向后上挑起，手掌贴于右腰肋处（图 4–7）。

金顶沉锋

两脚不动；右手顺背右侧腰际处贴身推下，过臀部经大腿的后侧向下导引，同时身形顺势蹲身（图 4–8）。

图 4–5

图 4–6

图 4–7

图 4–8

取右坐步继续下势蹲身；同时左手不动，用力撑起，右手贴腿后侧导引，推至脚踝处（图 4–9）。重心前移，身形徐徐升起，同时以身形带动两臂。右手绕过外踝至内踝，顺右腿内侧上行，指尖向下，同时左手从额前翻掌下移(图4–10)。

图 4–9

图 4–10

身形前移并站起，重心移向左腿，右腿慢慢向前提起；同时两手分别由上下向身前小腹丹田处移动，右手沿左腿内侧由腹股沟处抬起，左手下滑(图 4–11)。

图 4–11

予注中元

两手至小腹丹田处，掌心向上，十指相对，如捧托球状。重心移在左腿，两膝同时弯曲，右腿为虚步（图4–12)。

水撞金轮

重心在左腿，提右腿、右脚向斜前方迈出一步，足尖先落地。两手掌心向内，由托掌起手同时上提，带动双肘双肩。

图 4–12

两手上抬不得过胸（图 4–13）。

丽龙含珠

手脚同时动作，右脚轻徐落地，两手坐展双腕。掌心虚守，手如浮球状（图 4–14）。

图 4–13

图 4–14

玉虚呈华

双掌外翻，掌心向前；重心前移，两掌向前推出，五指渐分成爪形。两臂两腿弯曲；身形前移，重心移至右腿，右腿呈弓步，左腿渐伸直；同时两臂向前推出，呈伸展状，曲中求直，切不可僵化。掌心微向前凸“吐”（图 4–15）。

金风返真

继上势。重心渐向后移动，腰、脊、臀、胯先向后移动，带动肩、肘、腕、手随身形向后移动。掌心内向收敛，两臂回拉（图 4–16）。

“金风返真”紧接下势“隐现虚灵”。

隐现虚灵

此势同前，惟左右腿不同。

图 4–15

图 4–16

# 第二节　易解玉环桩

## 一、玉环桩修持中的感而遂通

传统的功夫是效法自然，与天地自然相感应。古人指出练功要“感而遂通”，通过体会锻炼中自己身体状况的变化，自我与宇宙自然的开合、升降、聚散、有无、动静、阴阳等等的变化，使自己洞察学识功夫的内隐。

感而遂通，首先要“感”，靠人的眼、耳、鼻、舌、身、意识去感，去感受自己，接触自然，接触社会。人们所感知所学习的知识分为两个方面，一种是先天的，另一种是后天的。按照《周易》，易分阴阳，易分先天、后天。先天的称为智慧，后天的才叫知识。知识和智慧两者要结合起来，形成完美的世界。

知识是人出生以后，通过对周围各种事物的接触，通过进学校学习，学会了原来不懂的东西，这些通过学习而得来的学问就是知识。

在人类本体，还有另外一种就是智慧。智慧也叫作真知。在关亨九老先生的著作《武当修真密笈》中，关老提到“一切事物我本不知，但偶然而知……，然而与所学与书本上的相吻合，才是真知”。就是说一切事物自己本来并不知道，但突然间就知道了，而且所知道的与实践、与书本上的相吻合，这才是真知，是智慧。

知识是学来的，是后天学而知之。而真知则是人体体内的自我，是灵性。现代科学所说的灵性学，就是人体真如智慧在闪光，也就是丹道学里说的“先天一粒真种子”在闪光。闪光的智慧不是学而知之，而是偶然而知。

关老的“偶然而知”，是一种迹象，是一种形式。可是为什么有许多人不能偶然而知呢？那是因为他们没有达到“恬淡虚无，真气从之”。人们所注重的是“恬淡虚无”，却忘掉了“真气从之”，这是不全面的。先天的真知和智慧，古人曾经在佛学当中探讨，在四禅八定当中讨消息，觉得大家有悟性，有了悟性就产生大觉，这种觉悟使自己领略到自身有一种玄妙的内在，这就是灵性的闪光。这种觉悟佛家又称为“见性”。宋代就已经正确地提出来，“见性就是佛”。佛就是真正地明白了常人所未明白的事物。人们把这个层次的人称做佛，又称做大知识。

大知识继续升华就是大慈仁者。大慈仁者的体现是“以道成医”，大慈恻隐之心，救济病苦，广渡有情。被人尊为“药王爷”的孙思藐指出，大慈仁者是“华夷愚智，皆乃亲之”。儒家也提出来“有教无类”。人类的修真就是要从后天的尘杂当中找回先天的自然的属性，返璞归真，净化自身。

在“以道成医”的“道”的学习过程中，就要去感受人与自然的关系。无论是锻炼身体还是休息，都要以这种大慈仁者的心态去感知，进入到大慈仁者的心态。古人说“全凭心意练功夫”，“正心在人，正意在己”。正是要自己去感，去领略，然后感而遂通。

在玉环桩的锻炼过程中也要去体会，去领略智慧的闪光，去感受身体内部的变化以及外界自然的启迪，然后感而遂通。在锻炼过程中身体变结实了，出现了和循经太极拳一样的循经现象，或者出现了偶然而知的事物迹象，此时要判断是否与实际、与书本上相吻合，如果相吻合，那么就是真知，如果不相吻合就不是真知，而是幻觉。这些要在具体的锻炼中自己去分辨、体会，要“学而时习之”，把从书本、课堂上的学而知之和自己锻炼的偶然而知的真知结合起来，使体格和智慧上同时进步。

## 二、易解玉环桩

二仪呈象：一分为二；
隐现虚灵：分为前后；
金顶沉锋：向下沉为之降；
予注中元：向上起身为升；
水撞金轮：元气上升；
丽龙含珠：合二为一；
玉虚呈华：一分为二；

金风返真。

### （一）二仪呈象

在锻炼之前的站立状态，身中阴阳平衡，是虚无之象。如何审定是先出右腿还是先出左腿呢？人体的气机运行是右进左出和左进右出，太极拳中云手感觉更清楚。气机总是忽而右忽而左的循行，形成的这种横的 8 字，也是横的 S 线，总是这么循行，中间的交点路过很多地方，这些交会的点就是身体的关窍、要道、穴道、脉道，统称之内景隧道。“内景隧道，潜行真经”。内景只有进入专修阶段才可以体会得到，感受得到。就像听力和视力，检查后，有人才发现视力和听力和常人不一样，检测之前，自己也不知听力和视觉存在着不足或是超常。可是通过医学的手段可以测检得出来。而练功的人是完善自我，气息按体内一定的轨迹循行，去体会，去感而遂通。在感受宇宙、感受自然之前首先要能够感受自我。所以在开始时，是感而遂通，使体内产生循经现象，潜行周经。比如气机左进右出，右进左出。最初是体会不到的，在循经太极拳中练久了才会有这种体会。然而这种现象在玉环桩里却体会得非常清楚。

二仪呈象首先要求自己静下心来感而遂通。分开左右，哪个脚坚实就先迈另一只脚。刹那间产生变化，分为阴阳，分为虚实，分为进退，起步的同时把手也抬起来，就是起步势。

在起步的瞬间，身中的阴阳运化就能感受到了。循经虽然是左进右出，右进左出，但如何体会前后的区别呢？所以太极拳拳经里边说，“支撑八面”。就像写字一样，没有写字的时侯，笔垂中宫，上下左右，分为前后，交叉45°，8个方位都要照顾到，人的内在平衡，也要守住中宫，支撑八面，这样自己的体态姿态就完全符合易象的要求了。这里还没提到用不用力，放不放松，只提到笔垂中宫，支撑八面。书法里提到笔垂中宫，八方回荡，不管练什么姿势都从这里入手，体会一下就不一样了。传统的功夫是练精、气、神，锻炼的时侯要提起精神来。古语云："正心在人，正意在己。"思想靠自己来控制。精神能提得起，就是说，首先元气要集中在丹田，由丹田再到颅腔里，最后从两只眼睛再出来，这是精神能提得起，也就是拳经里说的"满身轻利顶头悬"。把神气提起来以后，按医学来说，清阳上举，浊阴下降，每时每刻要调整自己的阴阳二气，使阴阳二气顺服自然，清阳上举，人就神清气爽，浊气下降，如果不是这样的话，清气和浊气混在一块儿，人就萎靡不振，白天没有精神，晚上不能入睡，这是俗语说"发蔫"。如果遇到这种状态怎么办，就要练小炼形来调整，用强化的办法来调整自我的气血，调整肢体。

**（二）隐现虚灵**

二仪呈象之后，抬手抬脚，落地以后，身体要向后蹲，但不是马上就蹲下来，而是起势以后，身体向后一坐，把重心移动到后腿。在移动过程中，沉浮、升降这种力的转换，怎样配合体内的气脉流行，怎样接着二仪呈象左进右出，右进左出产生变化？手抬起来向前迈一步，两脚平行落，身体在两腿之间，然后向后移动，手抬起来向后一坐，这种站桩作用可以调整人的肾脏，峨嵋派的虎步功，是六大专修功中的主要功法，它完全靠这个姿势调整肾气，调整肾的功能。

玉环桩是体内的气出现八方回荡以后，首先天一生水，调节先天元气。可以通过这种桩功来调整自己的肾，这是峨嵋派的虎步功的起势。随着动作分为左右，手臂基本上是一左一右交替进行。在交替运动的过程当中，含着一个太极球，推出去再拉回来，包含了太极球的运化，可以领略其中的运化。太极球的学术用语是太乙混元球，体内真气饱满以后自然产生这种完整无缺的迹象，绝对不是熟练动作而已，在练的过程中有一个形象感、实物感。

要注意领略、体现太极拳里说的仰之则弥高，俯之则弥深的这种境地。

太极球回来的时侯，隐藏在里面，隐而不现，很多人练的时侯未能体会这个球。然后就开始一手在上，一手在下。在做的时侯，回来时要注意感觉，在这个过程当中有一种向前的倾向。隐而不现，这就是七十二禅桩里的倒提金枪，里边有这么一式。倒提金枪也是一个站桩的姿势，然后就可以盘花盖顶，从这里演化出来的。

### （三）金顶沉锋

手向下走，顺腿向下推做行血推脉，这个动作叫金顶沉锋。从二仪呈象开始把气机运转起来，进入到第二势，前后一动，气就流动了。气在流动中，清气上升，浊阴下降。金顶沉锋就是气灌到顶，灌到头，向下一降是身体向下降，阳气也随着往下落。金在脉道里面，乾为头，这种无欲则刚的力量，元气随着动作向下落。阳气在体内的至高点是百会，叫做六阳正巅，六阳正经升入到最高峰，又叫做九华真峰。九是数字当中的阳之极也。“华”指的是体内的元气升华、升炼到最完善、最宝贵的状态，九华真峰是把人的元气提炼以后上升到颅腔，体内元气经过长期的升降聚散形成一个颗粒，这个颗粒古人称之为玄珠。

如果这个粒子和宇宙当中的金气相交合，它产生一种特殊的力量。《类经图翼》（张介宾）讲到宇宙当中有金气，历久不散，坚而不毁。练玉环桩也是让自身得到宇宙当中的金气，使自己的元气得到金气的作用，坚而不毁。金性钝，非火克不能成器。五行当中，五行生克，金生水，火能克金，金气在体内产生以后，要用火来升炼。

### （四）予注中元

随上势。上面的手化切掌而下，下面的手由三阴向上推行，同时聚集在丹田，这两种力量形成抱球，抱在丹田小腹，这叫予注中元。

在两手相合的时候，在向前进步开始的时候，有一团气聚在丹田，以心行气，以形鉴真。

### （五）水撞金轮

先天肾水在修真图里边又叫做“坎中真阳”，“坎中真阳水中金”指的是人的先天元气、先天祖气，这个气从下面向上熏蒸，以熏蒸的办法向上产生雾状的气化。“太乙气化冲任督，三流合出阴跷库”，元气振动的时侯，它向上熏蒸像雾一样温养了其他脏器，向外达到皮毛。

先天的肾水向上冲腾，丹脉把这个过程里叫做“水撞金轮”。肾水冲撞着肺，使肺调和百脉，宣合气血。按照中医的阴阳学说，肾主水而肺主金，本来是金生水，可是此动作是子来顾母，“水撞金轮”的作用，古人叫做“太乙气化”。没有达到水撞金轮的迹象，不可能循行周天。“太乙气化冲任督，三流合出阴跷库”，指的是真气在体内首先要达到水撞金轮，元气润大千，周野全四极。按照修真来说人身是宇宙，宇宙即是人身，人的身体就是小宇宙，元气就像春风、像雨露一样滋润着自己的身体。周野全四极，达到像太阳黄经一样运转完美无缺，如环无端。达到四极，就是达到自己的四肢，也可以说是达到东南西北，达到方圆六合当中。这在练功当中就可以领略，就可以体会。这种太乙气化达到了子来顾母、水撞金轮的境地，才有希望进入到三流合出阴跷库，冲开海底会阴穴，从督脉而上行，进行水火丹道的修炼。

### （六）丽龙含珠、玉虚呈华、金风返真

周易里边的序文里提到：“与天地合其德，与日月合其明，与四时合其序，与鬼神合其吉凶。”“与天地合其德”，天包大地圆，宇宙太空，地我人天。也就是说在宇宙之中，六合之内，能达到感而遂通，这就是“与天地合其德”，如果以这种心态对待任何事情，肯定都有效果。“与日月合其明”讲到了太阳，太阳不管你是好还是坏，它都无私地照耀着每一个人，给他以温暖。太阳就是这样的一种心境，它是自然的属性。“与四时合其序”，一年四季，春夏秋冬，一天四时，子午卯酉，一生当中，生老病死，如何能沿着这个顺序而享尽天年，医学的经典里告诉人们享尽天年。可为什么人不能享尽天年。

真正领略玉环桩的内容，要靠每个人在锻炼当中去感受，去感而遂通，这种感而遂通是在默默之中自己去领略，领略行功的精神，领略丹道气化有规律的循行。

人身体当中有一种惰性。这种惰性力量较大的时，它作用于人的心灵上，会使人失去理智，失去了“与天地合其

德，与日月合其明，与四时合其序，与鬼神合其吉凶”，离开了自然的属性，不辨是非。在真正的修真良知、灵性的闪光开启之前，人是愚昧的，是无知的，无法可循。如果违背了自然的属性，不去感而遂通，则不是修真，更谈不上完善自我。

因而“精、气、神”这个传统的用语则有更深刻的内涵。真正修持的人是庄严的，坐有坐相，站有站相。武当的十三式太乙门户掌打手歌云“静如古塔立如松，动如行云快如风”。

宗风中有“玉镜悬而照尘”，自己的形态，从外表一看就知道心态。拿起境子照一照，看自己是什么心态？经常照镜子，自己领略自己，不只是返观内照自己，表象也要照。真正的修持之人，应达到神采飞扬，无忧无虑，这才是返璞归真。

## 第三节　循经太极拳之根本——混元球

“一呼三寸，一吸三寸，一昼夜一万零三千五百吸，脉行八百一十丈”，太极拳的“敛气修脉、养气柔体”就是致力于此，对推动生命运动的真元之气的观察则是来源于古人对宇宙的认识。

古人认为在遥远的太古岁月之前，宇宙是一个旷然无物的混沌世界。这个世界没有上下的区别，没有物象，什么都不存在，只是一片虚无。古人把这个时期的运化称为

“太虚呈象”，即古人称做“混沌未开”。经过若干年的运化，世界发生了质的变化，形成了雾状空间，古人喻为“太素生形”。又过了若干年，世界上出现了一种振动，即是传说中的盘古开辟。盘古氏挥动巨斧，劈开了浑蒙世界，使清气上腾升为天，浊气下降结为地。盘古氏的精气形成日月星辰的天体运化，血脉化为江河湖海，骨肉变做山脉，毛发化为林木。这个古老的传说是古人对宇宙拟人化的描述。古人用《易经》这部古朴的哲学史书，来认识自然界中的万物生长变化之规律。太极生二仪，二仪曰阴阳，二气交感，产生万物。古人指出，天地产生之前的宇宙已充满了“太合元气”或称“混元之气”。天地生成之后，元气即寓化在天地之中了，这时的先天之气是阴阳未分的混元阶段。直至天下万物成形，“太极生万物”，元气也有了“阴阳显化”的运行，交注往返，这时的元气就不再是混元之气，而是成为孕育万物的真元太和之气。此一气而分清浊，清者是灵光，浊者是精质，清者而成象，浊者而结形。灵光从形象而结形，精质从灵象所需而结聚，所以然者，天下万物各有异态。

宇宙产生阴阳的变化，天上地下形成乾（☰）坤（☷）之象，二仪歧分之形。经过若干年月，又出现新的变化。地气升腾，天气下注，形成阴阳交感，呈于卦象为地天交泰（䷊），产生了生命，即古人所言的“三阳交泰产群生”。天地之气未形成气机交注之前，卦象为“天地否”态（䷋）。祖国医学及气功哲理认为，人博天地宇宙阴阳二气而剖产性命，入乾道为男，入坤道为女。阴阳感而复生，无有穷尽。

“天人合一”的理论则指导着人们对宇宙对自身的认识。

宇宙之中的元气古人喻为“太和之气”，人身中之元气则喻为“真元之气”，或曰“祖气”，医家称之作“肾气”，道家的丹道谓之“坎宫真水”。天下万物相互生长消亡的规律，古人曾谓之“道”。

这抽象的“道”，古人曾指出它的规律，“道生一，一生二，二生三，三生万物”。这是数千年前我们的先人在观察自然界，认识的万物生生化化的演示规律及过程。

“无极生太极，太极生两仪，两仪生四相，四相生八卦”。或“太极生万物”。

究竟“道”启于何年何月，古人认为若干岁月之前，在天地还未有生成上下清浊的形象之前，“道”即存在这个世界上了。由混沌未分的鸿蒙阶段，演示出“天地风雷山泽水火”的诸种层次，在没有形成文字之际，古人曾以阴阳的卦象来表现这错综复杂的变化。这则是“易”学的生成，也是今天好多有志之士研究科学追溯今古所必修的功课。

“万古丹经王”的作者魏伯阳曾以“易”学中的阴阳消长、卦象的演示，叙述了人与宇宙之间参同关系，《周易参同契》给后人探索人类和自然界的规律留下了深刻的影响。

所以然者，人与天下万物同出一辙，皆以元气复形，故元始化为清浊，有形有象，以致先天后天之别。先天者原精、气、神，亦为元精、元气、元神，乃致性命有成，而生为后天的精、气、神。此前后之变化是以无形之祖气，生成有形之身，寓合阴阳生化之机，而后乃至形骸还原于淳和一气，即为古人所言之“大道示之”之演化。

“道”的演化，启示出“太虚呈象，太素生形”的过程，亦是元气与道的关系，是以易理复出的。

经云：“大道至哉”。取天地环宇的自然真气来培育自身丹田中的元阳正气，已经成为“大道至简至易”的准则，通过阴阳气化的调节，使人身心得到改良，得到统一，得到净化的层次。这即是古人谓之的“修真”过程。

因此，如何聚敛身中的元气，使身中元气还原为混元阶段即“气冲太乙，归抱混元”的专修行持，这样“混元化形”的专修内容也是操修过程中更重要的一个环节。如此方能“道生一，一生二，二生三，三生万物”，才能演化出多彩多姿的武技演化和太乙循经。

太极拳作为丹道的外功，无不体现了这一特点，用后天的水谷之气来培育身中的元气，并且以外在的球形运动作为团敛元气之用，于行功中多见球形之表，实内有其形而发之于外，非是做作。

故而混元球实为太极拳之本，学太极拳必须精于混元球。在此录下《混元大德密说篇》以作后学参真之用。

## 《混元大德密说篇》

夫元始开天，乃显真如之术，遗法千秋而成泥痕，畅先祖之神珪，元明始证，赋之即久乃呈道也。实为真元隐处，大道精工，太乙循经，混元如一，窥出示之际，内景详然，人天同象，三才如一，此一气之用也哉。

正真子曰：

自始混元造地天，真如一气育真元。
三花功夫验九转，统元归真鉴道全。
千古遗痕留羽迹，先师授术隐妙玄。
一粒丹砂成今古，万象同形产一环。

究人身以天地为根，阴阳为用，始有性命也，在天为气，于地生形，阴阳参半乃现人身。若人以阴阳之数蕴之，则顺应大道，自然以期，非良工之所为者，是先人曾于此道妙化人天，以至今时，道见良闻，真千载余波，至此飞动。尚苟不依人天为用，道基何置，岂有良工之隐现者何。

正真子曰：

真华自在道始全，复注真如在三千。
根骸已注天地内，几时丹砂透体圆。
上冲直入灵霄顶，仰观飞出华一团。
自持良工演大道，非是人间无法传。

混元一气曾几何时立注人天，先人示之乾坤未见，此气已呈形，天地俱立，此气以天地之形而寓。阴阳交注，分形化体，一气通真，乃为万灵，乃出人身，皆赖此之一气尔，人身虽由元气而动，然道中之体岂可离此一气乎。天地以日月阴阳乘运，而道者则以阴阳合参，顺应自然而为用，又岂舍此一气，夫天下诸物赖以聚化为真，气之形质，犹以聚散而为之也，聚散各任其态，修真之士当明此道妙，宇宙之气散而为天下物呈姿形，人在其中，聚者敛万象而为之一，乃还原合于道机，此一理存之，大道昭然乎。

正真子曰：

混元一气敛入乾，妙将阴阳合做丹。
冲开金顶一气往，精气合神聚本原。
超然物外等同生，诸法圆通去复还。
山人指出玄机处，混元密注是真传。

正真子道出混元之隐，密注人天，当斯此际道可得之乎。前人示之，道可授而不可求，如今已证玄机三昧，时地我人天共为之斯忽，闪耀间心神所感者，道发于斯，乃真如之密，混元之形，道之德矣。

时本正真子注于万华楼者

李真阳录示三千

龙虎堂二十三代

## 一、倒转彩球　狮子滚球

以易为象有进退，前后反正两种运动。

“倒转彩球”“狮子滚球”是一组对应的运动。如图4–17所示。这也是便于记忆。

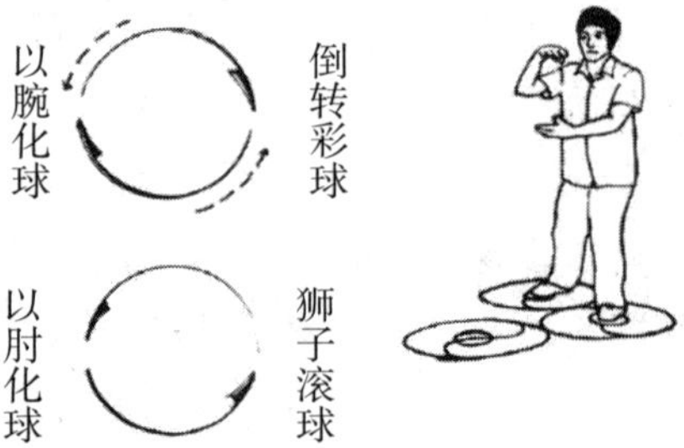


图 4–17

**倒转彩球**

两手如捧球状，两手同时移动。或顺时针，或逆时针，以手带腕，以腕带肘，而肩、而身、顺势协调而动。在下之手取穿掌势，掌心向上，向前渐化掤手，掌心向里。

上势不停。继而掤手化切之坐腕，掌心向下，复化穿掌。另一手遥遥相对，同时动作，由下向前，由前向上。一只手在上，而另一只在下，掌心相对，作滚球状运动。腰腿协调重力相系转换。球径小于肩宽，大于头阔。

图 4–18

**动作：**

自然站立，右腿向前迈出一步，重心于左腿。呈子午桩法（图 4–18）。

两手抱球而起，右手掌心向上，左手掌心向下，两手掌心相对，两掌距宽于头而狭于肩。

一足以“八卦入宫”法站八卦中正位某一宫，另一足踏入中宫，以期阴阳变化，目光平视，呼吸自然。

继前势：右手臂以“穿掌”取势，指掌向前上方划弧臂渐抬起。左臂以“坐腕”取势，向后展动，左掌心向前。两臂同时运动，务要舒松，协调连贯。速度先慢，要均、轻灵、然后活泼、渐快。松肩、敛气，自然而出（图 4–19、图 4–20）。

图 4–19

图 4–20

**动作：**

继上势。左手由坐腕而渐化切腕。右手由上势穿掌渐转为掤手，但不发掤力。左手为立掌，五指向上，右手为横掌，指尖向左，五指横向（图 4–21）。

**动作：**

接上势。右手由掤姿向后上方斜带运转化弧。左手由竖掌切势转化为横切掌，示托掌欲穿欲托状。

上下两手相对，手的指掌方向，遥遥相错形成错综，子午之姿（图 4–22）。

图 4–21

图 4–22

左手由穿掌化为横向之掤手状，含掤劲于将发未发之际。

右手继上势渐切腕坐腕而下，掌心向前（图 4–23）。

左手化掤手向上行，右手化切掌欲托状（图 4–24）。

左手上行可化刁掳势，右手可化穿掌，由切托而化出。

反复转运转动的球体，不拘次数，不拘形迹，务须活泼，协调为宜（图 4–25、图 4–26）。

图 4–23

图 4–24

图 4–25

图 4–26

**收功势**

将左右两手停留在图示的姿势上，略停片刻，即为收功。两手呈扶球状左右相对，气机平合状态（图 4–27）。

**狮子滚球**

此势是向前滚动球体的行动。是以肘的动作来调节两手的相互配合。是以切掌下落而带动前臂，以内功中降肘的行动来完成的，由于肘的运动，使滚动的球体，在变化中增大。是在球体滚动移转下，影响身体重心的变换。降肘、切肘、横肘等肘法，是狮子滚球的唯一特点，左右循环的肘功，训练了自身的身形转换、步法、腿法，给后来的行功开启了变通的基础。经过反复的行功锻炼，在形象思维以及整体的身心调整中，逐渐形成了一个统一自身的完美调节过程。

图 4–27

狮子滚球之法，是以八卦与中宫的布局演示的。

一足踏入中宫，另一足落在八卦之中一宫，往返练习，这样自然可以悟得妙趣。要细心体会八卦诸宫的不同，以及中宫与八宫的转换过程。收功时，将球稳定下来，身体站直，双脚踏实，手臂自然还原，以桩功中任何一个姿势，都可以作为收功的姿势。气机稳定，纳入丹田则可。

**动作：**

左足踏落在坎☵宫，右足尖点在中宫（☯），重心在左腿，蹲身下坐。右手抬起，掌心向下，五指在前，肘与肩平，自然屈肘（图 4–28）。

左手拦抱于身前小腹处，掌心向里，五指向右。左右手遥遥相对，如抱球状。右手与右肘压住球体，左手作托拦状。

继前势不停。右肘下切，右前臂下行，右手切掌，掌心向里，指向右侧。同时，身形、重心落在左腿，右足在中宫踏实。左腿伸直，自然松弛；左手按弧型上抬作切掌状，掌心向右，五指向上（图 4–29）。

图 4–28

图 4–29

全部动作要协调，周身一动，气机随动作转换，不可滞呆僵化。

重心在右腿上，右足踏实，将左足跟提起，足尖落地。

左手由身前切掌竖势，沿球面向右上方穿掌移动至左额前，掌心向下。

右臂作降肘下切落，掌心向上，指向左侧，于小腹前。

左右手依然做抱球状，手、足、身形同时动作，将球体向前滚动（图 4–30）。

图 4–30

接上势。将球由右侧渐渐移向左侧。

左臂横肘，左掌心向下，如压球状，左手位于下颌下胸前处。

右手沿球弧面渐上抬（图 4–31）。

两臂同时动作。

上势不停。左臂切降肘下移，同时右手向身内提腕，做扶封切掌，位于胸前，掌心向左，指尖向上。由滚球动作的协调性使身体前倾，即球在身前左侧（图 4–32）。

图 4–31

图 4–32

继前动作。将球体渐向左前方移动。

手臂相随，身向左稍转，左臂向下，以掤势抱球，掌心向里。

右手由身前随转身向前推转，掌心向前。

同时重心移至左腿，左腿落踏，右足尖在地。周身动作协调（图 4–33、图 4–34）。

两臂继续滚动球体，左臂沿球体向右里侧展动。右臂由上至下托滚展动球体。

图 4–33

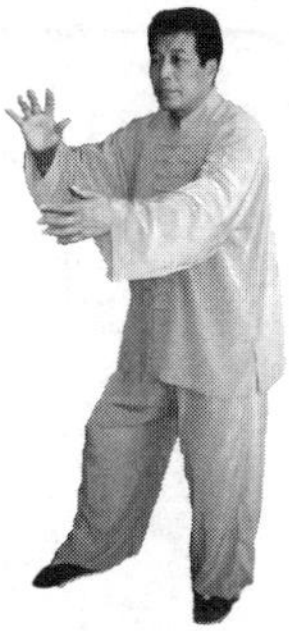

图 4–34

左右手协调动作（图 4–35、图 4–36）。

图 4–35

图 4–36

此势（图 4–37）为玄机动作。

可继上势，移动滚转球体，按图 4–37 中实线动作运行（图 4–38）。

然亦可以沿图 4–21 中虚线动作将球吊起，而转换身形，将球移出至身前右侧。

图 4–37

图 4–38

此势可灵活运转，身之重心在滚球时变换。

手臂动作反复运动，以球形出示。

## 二、太极抱球　太极边球

**以易为象**

“太极抱球”“太极边球”是一组对应的运动，便于记忆（图 4–39、图 4–40）。

图 4–39

图 4–40

太极抱球、太极边球是混元球功法中的一种表现形式。行功时，球之运动转化，尽在身体之左右腋肋侧。

行功时，观察其中规律，因而能尽知之者，古人喻为抱球、边球者，是以身形所化之别而为之。在球之运化过程中，以易为象，一经变化，千姿百态俱不出球之动态，是故先人以此为术，传于后者，“右抱球”者，右手在上扶之，“左抱球”者，以左手在上扶之。

“边球者”位于左者，左手在下以托意为之。位于右者，右手在下者是托球之势。与抱球不同者，托球是以同侧，左右手交换而区别之。

行功之中可以任其运化，或以抱球左右运行，或以边球左右转动，亦可边球抱球相互转化。

以运化衡之，边球者，以右侧之势，向左旋转。边球在人身形之周侧际，行于边者为边球，学者可以悟出。如抱球者，以球为中者也，当别之。故此边抱二球是为出于易，同源异形。分别详演矣。

**太极边球**

**预备势**

以自然之势，站在中宫踏落。右脚位于中宫，左脚轻落置于八卦之隅位。如面东而站，正面为☳震位，左脚落在艮☶位，右脚为中位。重心位在中宫。

两手相对，如掐握合扣物状，虎口相对，十指圆撑，拇拇、食指相对，如平环而置，位于胸前，圆径近于头（图 4–41）。

**动作：**

此为“太极边球”主势。是继预备势而起，左右手如抱球状，将球渐而放开、放大。同时将球移至左侧位。

左臂如托状，左掌内扣，左腋虚含。

右手做切掌，置于胸前，掌心向左。面向左前方。左右手相应如侧托球状（图 4–42）。

**动作：**

将球继上势，由左侧抬起，左臂横起，右臂由胸前向右侧移。

随球之转动移向上，同时身形渐右转。

左足尖点地，虚落于地。右足踏实。随球之移动，渐渐移动，左手置于身前小腹处。掌心向上呈托球状。

右手掌心向下，遥遥与左手相对呈抱球状。球依然在前方稍右位。重心在中宫处。

左右足均平落，身形渐右转动（图 4–43）。

图 4–41

图 4–42

图 4–43

**太极抱球**

**动作：**

接前势。身随球动，均向右移动。

左手托球位于右腰际，掌心向上。右手随身形右转而与左手相应，呈抱球状。目光前视，左右两足均落实，重心在右腿（图 4–44）。此势为“太极抱球”。

为清楚对照前势，此图将身位移至中宫而示之。此势为“右抱球”。

**动作：**

将球移向左侧。是由左右两手同时运动，转动球体（图 4–45）。

此势为“左抱球”。

**收功动作：**

无论是太极抱球还是太极边球，在行功过程中，任其滚荡转动，反复行功。

欲收功，可将球形缩而敛之，双“太极边、抱球”收功：双手呈左右平横衡准球体，敛在小腹前，自然站立还原（图 4–46）。

图 4–44

图 4–45

图 4–46

## 第四节　横运太极手

横运太极手是前人遗留下来“醮坛书真”的古老内容，是过去“宗儒隐真”不传于世的内练功夫，按原来旧的修习较复杂，按其内在的隐意，无非是调节两臂、两肘以及手指、掌的阴阳气脉交流。祖国医学中指出：人的手三阳经分布在手臂的外侧，手三阴经分布在手臂的内侧，通过阴阳循经来调节气血。三阳气脉的走向是从手走向头，三阴的气脉从头走向手。“横运太极手”是活跃手三阴与手三阳气脉的动作。横运太极手可以是坐式、站式、行功。

身体自然站立，两脚与肩等宽。两手上下相对，横前臂置于胸前，两手合抱，如扣抱“橄榄球”状，哪一只手在上面都可以。现以右手在上为例（图 4–47）。

两手上下相对浮按数次，细心体会，两手掌有微热、微涨的感觉，练功者把这个感觉称作气感。然后身体向右移，同时带动双手抱球向右水平移动（图 4–48）。

图 4–47

图 4–48

两手分别由上至下、由内向外做滚动球状。右臂以弧线向外、向下切，指尖朝前，掌心向左，左手向上旋腕，掌心向左，指尖向上，两手遥遥相对（图 4–49）。

右手继续向下切，同时向内做搂抱状，左手抬起前臂横于胸前（图 4–50）。

图 4–49

图 4–50

身体带动双手向左移，左手以肘为先导，右手以穿掌向左运行（图 4–51、图 4–52）。

图 4–51

图 4–52

运行到左边时，滚动球体，使右臂横于胸前，然后向右运行（图 4–53、图 4–54）。

如此一左一右，周而复始，反复动作。

收时两手上下相对，慢慢相合（图 4–55）。合到一起时，撒手松开就行了。

图 4–53

图 4–54

图 4–55

在练习横运太极手时只要两掌心相对，在中间就有一个物象，两手上下挤一挤就有感觉。初学时运动的速度可以慢一些，幅度可以小一些。两手相互作用，由小的开合动作逐渐展开，渐而转换为将手中的“橄榄球”，像做太极拳的“云手”那样展动。两手在左右循行的长球状的运动过程中，使两臂的气血周流，阴阳气脉得到相应的调整。行功次数多少不限，根据自己实际情况而定，但以 9 的倍数为佳。

在金木水火土这五行的关系中，如果把金木这两种气合并在一块就是《修真图》中说的龙虎大丹。金和木在方位中就是东与西，在物象则为青龙白虎。丹经中说：“西方白虎正猖狂，东海苍龙不可挡，两者捉来令死斗，化成一片紫金霜。”在人体中，肺属金，肝属木，把肝、肺两脏的脏液、脏源之气收敛在一起，可以产生质的变化。除了“金木交并”而外还有“水火既济”。人们在睡觉时，心火下降，肾水上腾，水火既济，就形成一种非常祥和的状态。五行中的土对应于人的器官为脾与胃，“万物土中生”，只要人能增进饮食，就能增加体内的元气，健壮身体。横运太极手正是调节这五行的关系，使人体内的心火下降，肾水升腾，形成水火既济，又调节了中宫脾胃。在运行的过程中，要求以手指尖先走。十指在中医中称为十宣，运动十指即可以达到宣和气血。拇指属手太阴肺经，肺主平衡，五行为金，在运转时拇指与其他四指的感觉是不一样的。上下两只手的位置也有一定的要求，上面的手在膻中，下面的手在神阙，以此两处为基点，上下可以稍有浮动，但不可离得太多。这样中间空出的就是中宫。手在转换的过程中，中间有一个球在运转。手在运行时，十指上就像有一些线一样，在转动时则弯了过来，这些线形成了一种完整的轨迹。

## 第五节　循经太极拳固本之源——定元桩

谱云：

定元真形守先天，真如道妙育本元。
中宫海底聚神水，一粒金真寄成乾。

“定元真形”，俗语以“定元桩”相称，定元桩的潜意，是定固周身之真元之气，不使外游，是内功、武法、修真、丹道之基础。

定元桩之用，是以真气敛而归根，使之行功日久以现效验，无使有偏差之虞，无使有气机阴阳失度之循，其势以气力相注之，故此为专修之重点。若习修真演道之途，苟有偏激，亦可以此为衡准矣。守住元气乃修真首要之本，能收敛元气，复有渐行升华之意。夫定元者，以专则定固周身之元气，可为修真之必矣，固守真一，元气振举，而有内动，真气萌发，故有循经之妙用。无计习法诸家，均以元气为根本，所以丹砂一道，立根源，守命蒂，注循太乙，实为养生修命之无疑也。

故古人以“修真”二字深谙大道，世人不窥此道，今揭示之，为利众学，昭内功之隐，详法后叙。

如图 4–56 所示，自然站立，两足距大于肩宽，两足尖外展，膝微屈，两腿切忌僵直。两手扶按，掌心向下，虎口圆撑，如按球状。两手按之球形，应与地心太极相对。目光、呼吸均用自然，无意守。是以特定的姿势行功，而使气机循行。

图 4–56　定元桩

## 第六节　循经太极拳中的威猛功夫

当年张三丰祖师出少林而创武当，为武学的进步、社会文明的倡化贡献了自己的一生，此亦张三丰祖师之愿“为天下众英豪延年颐寿耳”。少林之学乃刚猛神勇为主，最终以刚极而生柔。武当之习初以柔胜，最终以柔极化刚。当年张三丰祖师在刚极之基础上而进入极致阶段，慧化成真，悟彻本源，乃臻佳境，乃神游之境。每见后之学人误之，大凡武当之宗风学子每每难离误区，“每见数十年纯功而不能运化者”，何也？

学人初习武当宗风，也深知柔化本源，但不能以柔为律，极而化刚。此刚中有柔，柔中见刚，就太极拳泛化而言，则有“柔里有刚攻不破，刚中无柔不为坚”之谱文传之，况且宗风很难说是保真不衰，存真不移。对武当宗风每每不能进入与其他拳种对阵之客观现实，叙说一下宗传、要理，即介绍一些“海眼”吧！能得真师相传也是缘分。

为此，笔者将当年师传之武势玉环桩全盘托出，介绍给武当同道，一是了解当年武学之真貌，二是操练数日可使武功大增。

少林玉环桩是少林老祖飞龙脉的武功内密，是相传保门护道之武密，过去又有不是护法僧人决不轻传之戒律，其威力可想而知。张三丰祖师将其脉传演化为混元四手，开后来太极宗脉，以掤捋挤按四正手为混元四手，以采挒肘靠为混元化势，进（前）退（后）左（顾）右（盼）定（中）五行地位，创十三式，乃文武双传之内密，是当年张三丰祖师“出少林而创武当”宗传可考的依据。

玉环桩由 6 个动作组成：魁星戏斗、双锋斩、铁马弯弓、倒提金枪、金顶沉锋、鸿炉点雪。

起势（图 4–57）。

**魁星戏斗**

双手掌心相对，竖掌扬起在左肩侧，左手比右手略高。右腿提起，呈金鸡独立状（图 4–58）。

图 4–57　起势

图 4–58　魁星戏斗

**双锋斩**

接上势。双手由肩侧竖掌向前劈出，右腿随身形向前迈出一大步（图 4–59）。右脚落地后，右腿在前弯曲，左腿在后伸直，呈弓步站立；双臂平伸，双掌成竖掌在前（图 4–60）。

图 4–59　双锋斩

图 4–60　双锋斩

**铁马弯弓**

接上势。身体重心后移，右臂伸直，左臂弯曲，以肘向后击去，至右腿伸直、左腿弯曲，身体呈后坐势（图 4–61）。

图 4–61　铁马弯弓

**倒提金枪**

接上势。身体重心前移，左腿伸直，右腿弯曲；右手翻掌向上，左臂伸直放于身体左侧（图 4–62），至身体呈弓步；右手掌心向上，护于头顶，左臂伸直放于身体左侧，左掌心向外（图 4–63）。

图 4–62　倒提金枪

图 4–63　倒提金枪

**金顶沉锋**

接上势。身体重心后移，并继续下势蹲身，取左坐步，重心偏左（图 4–64）；右手不动，左手穿掌至脚踝处，两足仍平踏（图 4–65）。

图 4–64　金顶沉锋

图 4–65　金顶沉锋

**鸿炉点雪**

接上势。重心前移，身形徐徐升起，目平视，足踏实；以身形带动左臂，由臂带手，渐渐站起，左手继续上抬起；同时，右手从额前向下移动，以身形带动两臂、两手同时动作。重心移向右腿后，身渐站起，两手分别向身前小腹丹田处移动；重心向右腿移，左腿慢慢向前提起；两手至小腹丹田处，掌心向上，十指相对，如捧托球状；重心移于右腿，左脚从后侧向右脚内侧移动。左足尖移动时，离开地面数寸，不可过高（图 4–66）。

图 4–66　鸿炉点雪

此势“鸿炉点雪”紧接下势“魁星戏斗”。

**魁星戏斗**

此势同前，唯左右不同而已（图 4–67）。

图 4–67　魁星戏斗

# 第七节　循经太极拳的循经专习——九龙环

“九龙环”功法源于道家，传于武林真宗，是秘而不宣之法，元真圣慧之术。先辈师祖古时身居深山古洞，避住长生。为适应这一古朴的条件，创此功法抗寒避暑，给后来炼真全形打下基础。

“九龙环”功法是通过擦搓按摩进行自我锻炼的。通过九龙环的练习，可以疏通经络、宣合气血、平衡阴阳，从而达到治病强身的效果。此功法虽属于流丹小术，却是简单易行的自我修真内容。它可以佐助内功的运化，也是外功武法的基础功法。

练此功法一段时间后，达到太乙循经，则可以自身调节气机流注，亦可以解除在练功过程中出现的真气外游的流弊。而它在运行的过程中，凭借先天感觉，权衡太乙周经，从而达到修真的目的，为后来的太极按摩打下坚实的基础。

九龙环传统功法至简至易，古朴深奥。老少皆宜，体强体弱者亦都适宜。

**坎离交宫**

双手搓热后合掌，男子先用右手沿左臂内侧擦摩而上，女子相反。手臂内侧有手太阴肺经、手少阴心经、手厥阴心包经三阴经，其中以手太阴肺经为主。

手摩擦上行至臂顶端手太阴肺经之中府、云门穴位处，再顺肩头驶向肩外侧（图 4–68），沿左臂外侧摩擦而下到手背（图 4–69、4–70）。

图 4–68

图 4–69

图 4–70

手臂外侧有手少阳三焦经、手太阳小肠经、手阳明大肠经三阳经。按照中医经络图，手三阴经的走向是从头到手指，手三阳经的走向是从手指到头。所以九龙环按摩时，手摩擦手臂内侧是逆手三阴而上，手摩擦手臂外侧是逆三阳经而下。

摩擦手臂外侧至手背后，两手中指尖相对，然后指尖相接，两掌分开一阴一阳（图 4–71），用左手沿右手臂内侧摩擦而上至肩头（图 4–72、图 4–73），顺着肩头外侧逆手三阳经擦至右手背。然后中指尖相对，重复上一个动作。重复三、六、九次或不计次。

图 4–71

图 4–72

图 4–73

**乾元周宫**

右手摩擦左手臂，逆手三阴行至肩云门穴（图 4–74），至胸右手按顺时针在胸前划环（图 4–75 ~ 图 4–77），划环数次后，右手从左腋下顺左臂外侧逆手三阳经而下至手（图 4–78 ~ 图 4–81）。然后左手抚右手三阴经逆行而上，至胸，逆时针在胸前划环。一左一右为 1 次，重复数次。

图 4–74

图 4–75

图 4–76

图 4–77

图 4–78

图 4–79

图 4–80

图 4–81

# 第八节　循经太极拳的基础训练——飞鸣图

**太虚原象**（鹤栖）

鹤栖为飞鸣图中首势（静势），内景为太虚原象，行功之始，以后天方法手段还原于先天的形骸之质。太虚成象而太素结形，阴阳交于未然，太极阴阳未分之际，刚柔显化无现之时，此刻为玄机道定变化之枢纽，包括两极内载地自然孕育。古人认为，道之生成，剖析远古于自然界阴阳未判之鸿蒙境地，即有道，故曰大道无形，阴阳抱一而为混元阶段，混元抱一的生态灵性，阴阳显化之玄机动态，长含大道，求道为此。言大药来时莫迟疑。兵书又言，疑则慢，迟则变。故机不可失，失而不来。阴阳互转的振动，启动真气，则太乙循经生现，为真元太乙之气化。如此行功，体内元阳振动而清举上行，运化人类自身先天真如智慧得到开启，即为通灵功法。综而叙之，此术为道家功中的有机成份。合抱双臂屈足弓身，使人之二仪四象的四肢百骸，还原为卵生胞位未剖的真形原象。一足立地，合抱虚空，内含元机，内守丹源真脉，抻开督道，聚火载金，三关通达，方开九窍之真。此为道家行功内景。法常习之，结丹砂于乾坤之鼎，安炉坤位华桑之宅。水火交攻，龙虎奔跃，产婴儿于乾顶。诸阳拱扶，明珠丝系，一颗玄珠出顶乃至万道虹霞动紫微。天门开透，真元之集，旭日悬顶，喻以佛语谓慧日高悬也。此为白鹤真人原轮真像也。

又，此之谓静中内景真境，合于动静两极，而生无碍之法。应在动静两种行功中得到印证，方为初悟初得。精极乃化，动静虽为二仪之形，然易归一元之极，还原先天，无动无静乃为混沌，为先天之基、求仙之道，初剖玄珠，元命自鉴。

**摩天真境**

虚弥展翅、羽意摩天、碧霭穿云

摩天真境，包括虚弥展翅、羽意摩天、碧霭穿云三式，为飞鸣图中动势的基础。行功中外形的运动直接引起身体内气机的循注，是为内外如一的修持法。两手背相对，阳对阳有排斥之势。而以外形相合，置于小腹丹田，振动真气使之发动。内外互为，由丹源上提之际，即引动真气沿任脉上行(或真脉中脉)，提手抬平双肘，会在膻中，复以膻中为中宫，运气循两臂而达劳宫，左右手横开同时推出展动。气机也随之动。双手回缩屈肘缩臂之时，将气机提回，此为虚弥掌法的基本练法。

展翅面向艮巽两地，两掌取以奇为正之势局，调四隅之阵象（正展翅，掌取子午流线运内功法)，虚者为无象而言，弥者敷盖所定。虚弥掌法乃道家武功中调动气机的专修功课。

开掌外推时，随功力而准，应有气机外注，回收手臂掌心内敛时亦有气机随之而敛入体内。古人称此行功为擒龙纵鹤之法。功法深化时，自有升降飞腾之感，如羽化高颠，畅游大千寰宇，引起自身与宇宙的振动，此际即金波注机，瑞霭遍体。此势孕育气化真元满含，勃然而动，故为飞鸣图中之二式，由栖至展翅，自然而生。展翅高翔，碧霭霞光，穿云透雾，羽化腾翔。到此境地，非内功之动，不能尽言其妙，即由于功法深化时，行功振动大千寰宇，自身之丹野流珠，以九宫为度，循八卦相荡之妙，以万物变化附身，以天地阴阳而为道，刚柔进退，上下变化……而挥羽自可知，洞真明道，久有登仙之域矣。

**龙虎真形**

龙虎真形佐以专修密法，出神入化，踏落九宫，共振齐局，三盘互转，身心并泰，合于太乙真髓。循丹野越周天出以性命，踏入九宫六十四局变化。天、地、人三才立极演化万象，一气冲霄超俗习而举大千，武林绝技，探渊金锋，忆祖授艺于东海，波涌千层。龙虎玄宫，振然石壁，以观金道。武法化尽，丹径自显。然贤侠剑道纷于海内，创艺遗痕照见大千。是故霞虹舞金仞，灵台执玉珪，大道显真妙密示之，揭而直入，奈何八门转化壶中，丹粒悬鼎合出诸艺，众法已备，内外修真，内以丹法齐于乾坤坎离，外用金剑共执劈刺抹撩，然法以备，大道弘然，浩渺三千，实大道之有功。错转九局八盘演于先天后天。发武林之隐奥，揭丹道之秘旨，大道畅华颠。

龙虎真形是以内功启于武法，合于三元连中，授以八门掌法，共于内功十三式演于勾、弹、惊、截、掤、滚、翻、拦，合于九转玄化。龙以摇脊而腾跃步入九宫之局，虎以抱胯而奔野踏进五行之地。各展奇雄，复注金甲以震天台，举霞凌空俯至极巅也。

大道演龟蛇，金锋伏龙虎，古之道也。玄武帝于圣境举剑剖腹书成大道。始炼飞剑振举三界大千，龙虎真形吟啸电闪雷鸣，此揭示内景修真之妙，演道之真举至尽矣，闯三关连封海底，出天门举羽穹极，龙为神而意为虎，血为虎而气为龙，直揭丹砂之数，先祖以示后学。

## 飞鸣图动作及要领

**1. 太虚原象（鹤栖）**

由入境、原真、左顾右盼、伸足平气、降气、沉按、敛羽动作组成。

**入境：**面向东方，平身站立，双手自然下垂，足距与肩等宽。平心静气，以舒适自然为度（室内练习可不拘方向）。消除杂念，专心致志进入练功的境界中（图 4–82）。

**原真：**重心向右移动，右腿站立，左腿抬起，由大腿带动小腿，提膝，足尖下垂。同时两臂弯曲向胸前合抱，垂肘吊腕（腕高与肩窝云门穴齐，参见图 4–83）。两臂扣抱如球状，然后向前拱身如弓状，低头脊椎前屈。（配合前后动作进行，务要连贯协调）呈卵形。当知鹤性屈静，栖足而息（图 4–83 ~ 图 4–86）。

图 4–82　太虚原象·入境

图 4–83　原真

图 4–84　原真

图 4–85　原真

图 4–86　原真

**左顾右盼：**接上势。将头缓慢抬起，目微前视，重用神光（意念与眼合一）。随着头向右、向左慢慢转动，遥视远方(由近到远)。随着功力而逐渐放远（此为目送飞鸿的视力专修法)。同时两肘微抬，上身略直（图 4–87、图 4–88)。

图 4–87　右盼

图 4–88　左顾

**伸足平气：**重心左移，左腿缓缓下伸，脚尖微向外伸，逐渐落地（图 4–89）。同时两掌伸开，两肘抬平，中指相对，掌心向下。两腿站稳，呼吸自然（图 4–90）为平气式。复吸气，胸腔扩张，将气提至膻中。

图 4–89　伸足

图 4–90　平气

**降气：**将两手逐渐向下沉按，降气归入丹田，随着将气呼出，将手掌劳宫穴打开，内气冲劳宫而出，直射至地面（根据每人功力大小而施，不可勉强）（图 4–91）。

图 4–91　降气

**沉按：**接上势。呼吸均匀，两手掌向两侧外转展，指尖向前，掌心向下（图 4–92），气机沉按于地。

**敛羽：**复将指掌向下伸

直，两臂的内气潜行随着手掌的变化来感受气机随之的变化，为敛羽状（图 4–93）。

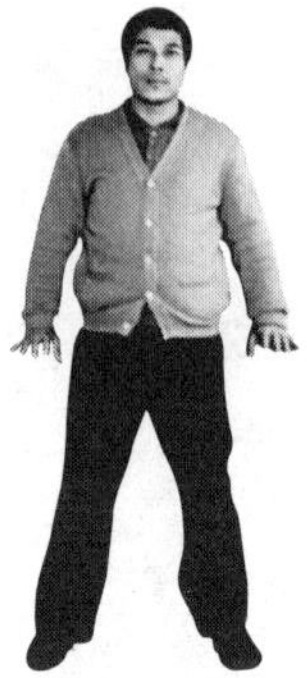

图 4–92　沉按

图 4–93　敛羽

**2．虚弥展翅**

由交羽、提气、现爪、外展、开屏、缩羽、开屏、缩羽、平气、降气、壮元、沉按、敛羽动作组成。

**交羽：** 由敛羽势始起，两手向身前移动，手背相对，指稍相搭，置于小腹丹田处（图 4–94）。

**提气：** 继上势。顺任脉上提至膻中，两手仍相搭，肘抬与肩平（图 4–95）。

**现爪：** 接上势。转腕，将指、掌从下至上向外翻转为现爪式。由小指先行，随

图 4–94　虚弥展翅·交羽

气机交注，即无名指、中指、食指、拇指五指轮放转动而行，腕指同动，务要内调（图 4–96）。

图 4–95　提气

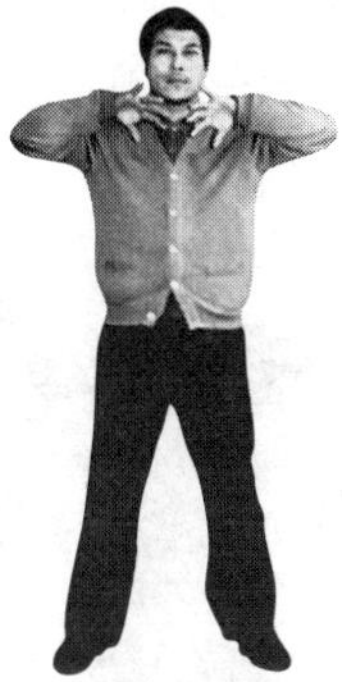

图 4–96　现爪

**外展：**上势不停。翻转掌指 180°，外分至两肩外侧，掌心向外，指尖向上（图 4–97）为（双云佩剑势）外展势。

**开屏：**平推双掌，向外侧移动，意在劳宫，推开双掌，两臂伸至极限（图 4–98）。

图 4–97　外展

图 4–98　开屏

**缩羽：** 两臂放松内收回缩时屈 60° 止（图 4-99）。

**开屏、缩羽：** （图 4-100、图 4-101）往返数次。

**平气：** 将双手由两肩外侧抬肘转手，向胸前膻中位置平行移动，指尖相对，掌心向下（图 4-102）。

图 4-99　缩羽

图 4-100　开屏

图 4-101　缩羽

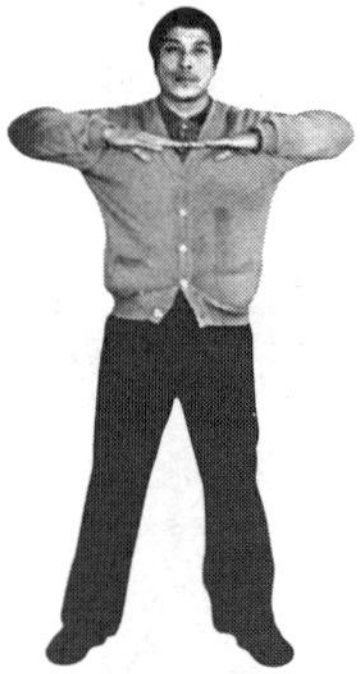

图 4-102　平气

**降气、壮元：** 两手逐渐下按，气归降入丹田（图4-103），转掌指，小指先行，五指轮放至指尖向前止，两掌平按，掌心向下（图 4–104）。呼吸均匀，然后掌指向下伸直成敛羽状。

**沉按、敛羽：**详见前注（图 4–104、图 4–105）。

图 4–103　降气·壮元

图 4–104　沉按

图 4–105　敛羽

**3. 摩天真境（一）**

由入境、交羽、提气、外展、现爪、开屏、缩羽、开屏、缩羽、平气、降气、沉按、敛羽动作组成。

**入境：**平行站立，舒适为度（图 4–106），详参前注。

图 4–106　摩天真境（一）·入境

**交羽：**两手向身前

移动，手背相对，指稍相搭置于小腹前；同时，身向右转45° ，重心移于右腿且伸直；左脚足尖点地，为交羽式（图 4–107）。

**提气：**接上势。将手沿任脉上提至膻中处（图 4–108）。两手由丹田沿任脉（或先天真脉）上升。两手相搭，肘与肩抬平。

图 4–107　交羽

图 4–108　提气

**外展、现爪：**接上势。向前翻转腕 180° ，将手由身前分至两肩外侧，掌心向外，指尖向上（图 4–109）。五指轮放，小指先行（前注：现爪）。

**开屏：**双掌平推向外侧移动，意念在劳宫、左涌泉，两腿伸直，两臂伸开至极限（图 4–110）。

图 4–109　外展、现爪

**缩羽：**两臂内收，回缩放松；同时，左腿放松微屈（图 4–111），足尖点地。

图 4–110　开屏

图 4–111　缩羽

**开屏、缩羽：**复而双手推出，左腿伸直，往返做 3 次（图 4–112、图 4–113）。

图 4–112　开屏

图 4–113　缩羽

**平气：**继将双手由肩外侧起，抬肘转手移向膻中，指尖相对，掌心向下，同时身体向左转 45° ，左腿足跟落下，恢复原位（图 4–114）。

**降气：**两手逐渐下按，气降归入丹田（图 4–115）。

图 4–114　平气

图 4–115　降气

**沉按：**转掌指至指尖向前（图 4–116）。

**敛羽：**呼吸平均，将手指掌向下伸直成敛羽状（图 4–117）。

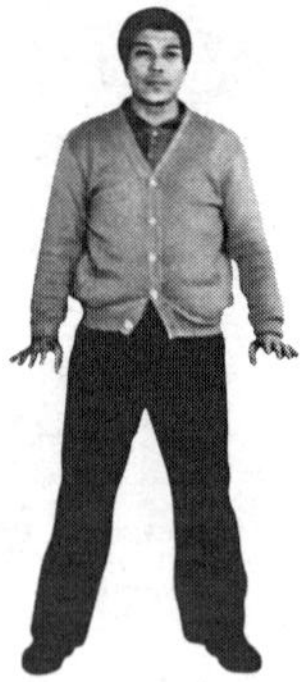

图 4–116　沉按

图 4–117　敛羽

**4. 摩天真境（四极开仪）（二）**

由入境、交羽、提气、现爪、外展、开屏、缩羽（开屏、缩羽）交注、吸丹、升膻、平气、降气、沉按、敛羽动作组成。

**入境：**略（见图 4–118）。

**交羽：**先将右足跟提起，以足掌为轴，向内转 45°，身体向左转 45°，两手背相搭置于丹田成交羽状（图4–119）。

**提气：**继将双手沿任脉上提，同时抬右足跟，成右腿弯曲，脚尖点地，重心移到左腿上（图 4–120）。

图 4–118　摩天真境（二）·入境

图 4–119　交羽

图 4–120　提气

**现爪、外展：**当双手上提至膻中时，两腿同时伸直成升膻提气状（图 4–121），复将两手五指轮放外展（图 4–122、图 4–123）。

**开屏：**接上势。两手推出，伸开两臂至极限，双腿均伸直，意在劳宫、涌泉等穴，成四极开仪开屏状（图 4–124）。

图 4–121

图 4–122　现爪

图 4–123　外展

图 4–124　开屏

**缩羽：**接上势。两臂放松屈肘 60°，两手内收，同时右腿弯曲，动作协调，上下连贯（图 4–125）。

**开屏：**复而推开双掌，将腿伸直（图 4–126）。

**缩羽、开屏：**往返 3 次，略。

**交注：**肢体放松，双臂自然下落，向体前屈臂合抱，掌心遥遥相对，右腿协调弯曲（图 4–127），两掌心的气机相互交注。

图 4–125　缩羽

图 4–126　开屏

图 4–127　交注

**吸丹：**随着两手合抱，身体渐向右转 45°，转至原位时，双手合收，如托球状。内气吸入丹田，小腹内收，成吸丹状，即为真元内敛（图 4–128）。

**升膻：** 继上势。掌心向上，中指相对，上抬，随内气上行至膻中止（图 4–129）。

图 4–128　吸丹

图 4–129　升膻

**平气：** 继上势。以中指至肘为轴线转掌心向下，平气调息，以待气机平合（图 4–130）。

**降气：** 随呼吸将双手下沉为降气壮元势（图 4–131）。

**沉按、敛羽：** 详同前，略（图 4–132、图 4–133）。

图 4–130　平气

图 4–131　降气

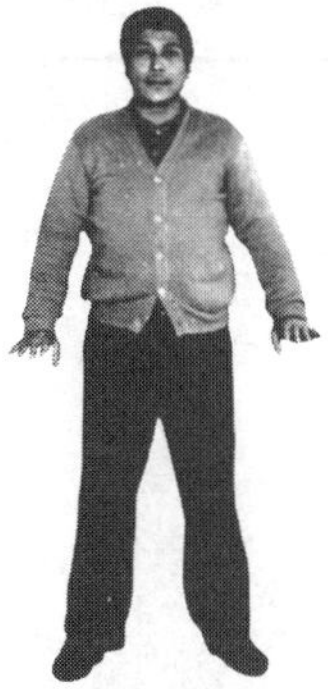

图 4–132　沉按

图 4–133　敛羽

**5. 碧霭穿云（展翅前奔）**

由入境、敛羽、内转、交羽、分洪、逐波、展翅前奔、纳甲、注华、撞云、开屏、平气、降气、沉按、敛羽动作组成。

**入境、敛羽：**详同前，略（图 4–134、图 4–135）。

图 4–134　碧霭穿云·入境

图 4–135　敛羽

**内转：**由敛羽始，身体重心右移，将左足跟抬起，同时转体 45° ，肘略抬同时弯曲，转腕时手背相对（图4–136），气沉丹田，由丹田内转。

**交羽：**左腿重心前移，手指相搭（图 4–137）。

图 4–136　内转

图 4–137　交羽

**分洪：**身体略前倾，双手上提至膻中位置，同时屈膝，将左足抬起（图 4–138）。上势不停。双手由内向外侧分开划弧至肩头（图 4–139）为分洪敛羽式。

图 4–138　分洪

图 4–139　分洪

**逐波：**同时继续提膝并屈身前俯呈逐波式，神光外注，两掌外展，五指轮放，指尖向上（图 4–140）。

**展翅前奔：**双手向外侧展推（图 4–141），双臂伸开，左腿伸直，足心向后，呈展翅前奔状（图 4–142）。

图 4–140 逐波

图 4–141 前奔

图 4–142 展翅前奔

**纳甲：**双手由两侧渐呈平肘，收前臂，十指微屈，放松如掐拿状，两掌欲扣合移至胸前，同时左腿屈膝渐收，将内气从四肢末梢收回膻中，呈纳甲状（图 4–143、图 4–144）。

**注华：**身体渐左转 45°，左足由足尖到足跟，依次落地，双手合扣于胸前膻中处，掌心相对呈抱球状（图4–145），两掌之气机相互交注为注华。

**撞云：**接上势。复将双掌结合内气向前平按推去，发撞云掌势，速度可快可慢，随内气发动而行（图 4–146）。

图 4–143　纳甲

图 4–144　纳甲

图 4–145　注华

图 4–146　撞云

**开屏：**接上势。两手向两侧横蹬发力推出，稍有停顿（图 4–147）。

**平气：**接上势。两手臂侧平举，转腕掌心向下，以肘为轴，移前臂内收到胸前，掌心向下，中指相对，食指、中指、无名指、小指四指伸平，拇指向下，微向内扣（图 4–148）。

图 4–147　开屏

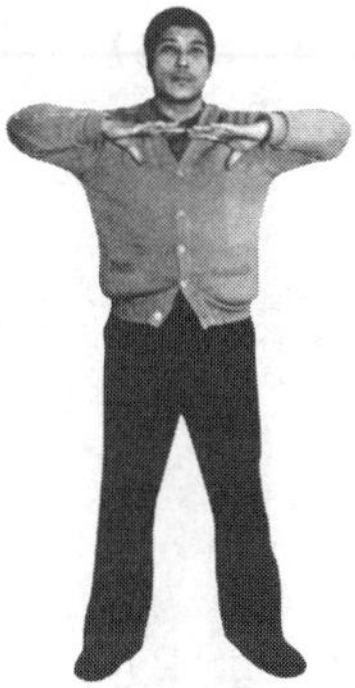

图 4–148　平气

**降气、沉按、敛羽：**略（图 4–149 ~ 图4–151）。

图 4–149　降气

图 4–150　沉按

图 4–151　敛羽

**6. 龙虎真形（行功、虎鹤）**

由通背分身、展翅、伏波、展翅、伏波、交注、伏波动作组成。

**通背分身：**继上势（图 4–152）。双臂侧平举起，掌心向下（图 4–153），重心前移，两腿行功均为虎步。

图 4–152　虎鹤真形

图 4–153　通背·太乙分身

**展翅凌空：**两臂吊腕高起，提起右脚（图 4–154）。

**伏波腾翔：**右脚足尖点地，双手切腕下落（图 4–155）。

图 4–154　展翅凌空

图 4–155　伏波腾翔

**展翅凌空：**复抬双手臂吊腕而起，同时提膝进步，左腿站立（图 4–156）。

**伏波腾翔：**继上势。两臂下落（切腕而下），同时右腿落地（图 4–157），左腿弯而右腿直为虎步，重心在后。

图 4–156　展翅凌空

图 4–157　伏波腾翔

**交注：**手掌继续下行，复提左足进步（图 4–158），两掌气机注出。

**伏波：**双手由两侧向体前平移至大拇指相对，手扶虚空，落左足右腿屈，左腿直为虎步（图 4–159）。

图 4–158　交注

图 4–159　伏波

### 7. 龙虎真形（龙形鹤）

由入境、上腾展翅、下伏抖翅、龙行击翅、凌空振翅、龙形击翅（化机势）、龙形下伏抖翅、凌空展翅、平气、降气动作组成。

**入境：**凝神定气，略（图 4–160）。

**上腾展翅：**双手上抬，掤劲而起，同时抬左腿提膝，身体略向右倾斜呈上腾展翅势（图 4–161）。

图 4–160　龙形鹤·入境

图 4–161　上腾展翅

**下伏抖翅：**右足随双展翅起来的手臂下翔而落步为下伏势（图 4–162）。

**龙行击翅：**接上势。劲路不停，将左足跟向右转动，重心移于直立的左腿上，右腿略弯曲，足跟提起，身体左转，双臂内合势，左手上抬于头顶，掌心向上，右臂横肘于胸前，右手在左腋下，掌心向内（图 4–163），呈盘龙阴阳击翅状。

图 4–162　下伏抖翅

图 4–163　龙行击翅

**凌空振翅：** 左手翻掌滚切划下，右手横摔向前击出，双臂向上翔展翅而起，右腿提膝吊足上翔展翅势（图 4–164）。

图 4–164　凌空展翅

**龙形击翅：** 接上伏身抖翅，落右腿成内桩截脚，左手向右击去，置于右肋腋下，右手立肘滚转上抬于头作降肘，呈龙形击翅（图 4–165），武技变化可以将右脚横出为蹬脚，为斜身挂印势，左手切掌，右手护头随扣而化（图 4–166）。此称化机势，可因敌而变。

**龙形下伏抖翅：** 由龙形阴阳击翅落右脚，双腿弯曲，双手下翔而化为下伏抖翅势（图 4–167），藏交注势发掤挤力合于武技。

**凌空展翅：**继上势。双展二臂，左足提起（图4–168）。

图 4–165　龙形击翅·化机势

图 4–166　斜身挂印

图 4–167　龙形下伏抖翅

图 4–168　凌空展翅

**平气：**双手向胸前移动，掌心向下，手指相对，左脚轻落呈平气状（图 4–169、图 4–170）。

**降气：**同前，略（图 4–171）。

图 4-169　平气

图 4-170　平气

图 4-171　降气

# 第五章　循经太极拳的内在精神世界

## 第一节　太极拳生命中的玄奥

阴阳易理、内脉循经、武技操演之综合构成了太极拳的生命。回顾历史，是特定的历史时期形成客观上的条件，推动了太极拳生命的成熟，并决定了其存在的个性，这就是太极拳的生命。太极拳生命中的玄奥，可以分为阴阳易理、内脉循经、武技操演三个有机体，是这三个生命因子组成了太极拳生命。

从秦汉时代的神仙学说过渡到魏晋五代阴阳五行学说逐渐构成生命，真是“上自经传，下至阴阳医卜之书，凡言涉五行者，莫不网罗辑焉。”（隋·萧吉《五行大义》）魏晋南北朝时期，儒、释、道三教共兴，“玄”学得到弘昌，阴阳、五行、八卦等学说形成了较完整的阴阳八卦体系，也使天人学说得到进一步的成熟。后来陈抟著有《无极图》（刻于华山石壁）和《先天图》，其学说经周敦颐、邵康节加以推演，成为宋代太极、八卦说之先导。同时，不仅为中医传统针法之子午流注、灵龟、飞腾八法有生命般的育化，也为武学中的阴阳、五行、八卦学派操持了理论领域的生命构成。由此可见，阴阳、五行、八卦学说在某种意义上说是推动了传统领域学识的发展，为其理论生命确定了指导意义的方向。在这个时期，最先成长起来的是神仙学说这个在探索人生与自然的运动之中成熟的丹道生命。正是在这样的历史条件下，魏伯阳写下了光耀古今、震动中外科技领域的炼丹学说《周易参同契》。

《周易参同契》的理论，促进了医学的成长，推动形成了学术流派，纳甲匹配、八脉流通、脉会八穴、藏象表里……这特有的生命。丹经武学中的开通八脉，吕纯阳之金丹飞剑，奠定了武当天龙神剑的前期基础。王重阳的《金丹四百字》详叙了内丹的修习内容。同时，书法界的权威人物也说“秉阴阳而动静，体万物以成形”（虞世南《笔髓论》），“心正则笔正”（柳诚悬）。可见，阴阳易理统领着中国传统学识领域，推动着诸种学识的前进，构成了中国传统文化中“天人合一”观的繁复系统，历延后世，逐渐繁荣。

医学的治病救人之诚朴观点，使医宗仁贤精微地剖探人身自我，从天时、自然、感情、条件，逐理详说，结合天人学说，繁衍了阴阳、五行、八卦学说的复杂内容。《周易》的八卦河图洛书，与《内经》的《九宫八风篇》之主要内容，结合十二正经与奇经八脉的气血交会规律，取奇正相通的八脉八穴，配合子午运算干支配伍，逐日按时取穴之方法，掌握人体与自然的阴阳消长，沟通人身脏腑与肢体的关系，演绎剖判出了祖国医学之传统疗法，提示了传统生物节律与生物钟的秘密，为今天的生物物理学科学生命奠定了基础，在医学的基础领域里认真详细地记录出客观真实的内容。

由此可见，历史上的丹经学识领域的权威著作，影响了传统医学的成长。就《周易参同契》而言，书中首次提出“纳甲”一词，倡导根据月体纳甲图来指导治疗养生。它所讲的阴阳交媾、夫妻配合与五行的关系对于后来的子午流注发展有着重要的指导意义。子午流注、灵龟、飞腾八法就是在这种情况下不断发展、孕育成长的。太极拳作为内家武学，其内脉循经的生命基因，是在丹脉武学的血源中剖产的生命。丹家武学很显然是在内感循经的规律下来完成武学操持的。泛化于世，乃普传武学，以求养健身心，期颐寿考。升华宗传以持嫡脉，内窥丹华，阴阳交注乃修做大道。武当的天龙神剑，是以天垂之象的文字结构作为剑法脉络，内合人身气血盈亏之象，外与自然界中之天罡神气相化合，内外聚真，开创武林剑秀。又因丹家后来的元神潜修升华了剑学，这是后来其在武林中享有盛名的内在因素。客观地讲，是内在循经的阴阳流注形成了太极拳的生命，处于经络循注内经所载之精准时代，因此举手投足之转展，乃至掤、捋、挤、按、采、挒、肘、靠（八卦），进、退、顾、盼、定（五行）都标志着内外缠经之阴阳衡准。

丹家修为以水火相推、坎离交媾、运化气血以周荣身心，其法则与医家的心肾相交、水火相调、周荣十二经、十五络、冲流奇经八脉、通彻周身之规律相对照，两者同筏人身之经纬，同审人身之阴阳。丹家修脉以自修来完善自我，医家调脉以活人之术来拯治众生。丹家自视人身阴阳，在操修中警化人生，医家以医术普济社会。本来两者不分，是时人不悟其中真谛，丹家以丹医而济真救苦，医家以天真之道理，悟真省化，循自然之道，以道成医。武学则是夹在丹家与医家之间的混血生命，武学既以术演道，又以道明医，故其具备两者的共同性。在丹家与医家之学识生命茁壮健全的形势下，太极拳的体态个性既保留着丹家武学的柔化养气、阴阳互生的特点，来延化丹法，以期丹家外功有个良好的基础，来推动丹法的弘真。同时，通过外功的阴阳合脉，心肾相感，反应体内之气血盈亏之质，进而使人身脉律定息有个精准的循环，以期颐寿，以武行侠持之仁风，以武修身经准自我，有个美好的探索，在岁月中久住春风。

反观之，医家在此基础上形成了以“易”为指南的医易，丹家则早在“内景”中体察脉络之循，已经形成了丹医。“《丹经》祖述黄帝，原与《内经》相表里。”（《张锡纯·医学衷中参西录》）以此而论，从史学的观点上来分析，“《参同契》是源，飞腾八法是流”，“飞腾八法是在《参同契》医学基础上发展起来的”（麻福昌，《中医杂志》1987年第2期69页）。

武当天龙神剑之别传内脉太乙神持震动九宫，错倒阴阳、飞腾龙虎、子午交宫连环剑法、宗隐神剑，简作太乙神剑，九宫八卦剑，龙虎子午剑等名。世传泛说不知其宗，俗解为武当剑。以易为剑，以象为阵，取崆峒之质，烁火为器。此剑之大要已随八卦参同，构成乾坤、坎离、巽震、艮兑八卦阵说，开辟着“八节律”之变化先河。

“戴九履一，左三右七，二四为肩，六八为足，五居中央，纵横十五，故曰太一”。取其数以行九宫，则以八卦配八方，又增加一中央，便成九宫。武当神剑一脉之剑阵是以此配伍，故有九宫之名说，医家也说“这种‘九宫图’后来成为历代历家占卜制历最常运用的‘公式’，这种影响扩散到包括医学在内的各个领域。至现代有人认为早期医学的自然观与这些历家言的观点有密切关系（即包括河图洛书等内容，见《灵枢》成书年代·魏尧西·《中华医史杂志》1983·13 卷第 2 期 88 页 ~90 页），这种观点无疑是有道理的”（《子午流注·灵龟飞腾八法大全》中国医药科技出版社）。

丹家之《参同契》与《修真图》都涉列着臻详的系统的阴阳为象之“易说”。如此看来，太极拳中的八卦所拟，并不是如世人所说，“掤捋挤按，采挒肘靠为八卦”那么简单，那么单纯。宗风脉流之太极拳，应该是着重内炼，体会循经，感受真实，从而悟出武学与人身之密切，乃至彻悟医武同源，深入对太极拳操修之体验。

太极拳专习内操中，首推其内外缠经之循，这是太极拳的灵魂生命。倘若舍掉内炼的循经，似乎看不到太极拳法的内操。这一点是太极宗脉的精神所在之处，没有内操就不能称之为内家功夫。从这个水准上看太极拳的生命是否归属内家内炼之列，怕是时人多为失察的方面，而内操的精神不正是体现在缠循的行经么？循经出现的缠行恰是内气的潜行周经，内外的循缠法则是表里阴阳的脉络行经。舍掉行经，或是没有行经，又怎么称之为内家内炼呢？内家的含意已经清楚交待出内炼的内容。更需着重指出的是，行经潜气是天人合一体现在太极内脉在人身中的生理反应，是一种生物物理现象。

循经流注这种大流注的现象，是客观上存在的规律。人们不能因少见寡闻而对此产生异骇。

下面节录《子午流注·灵龟飞腾八法大全》中的几句话，来做一个证实：“它表示人体气血循行的日夜节律正好对应天球经线上下运动的大周期，即太阳的周日运动节律，而周日太阳视运动轨道便是黄道圈，这个黄道圈是大气即三阴三阳产生的基础，三阴三阳再分之为十二部分，在地恰好对应为十二时辰，在人则为手足三阴三阳，故人体经络各以手足三阴三阳命名。这就是太极运动与六气的关系，从而演化成阴阳、地支、经络的天地人相应关系。”“天地各有五运六气，人应之亦有五脏六腑。天有经纬，人亦有经络。古人以三阴三阳来说明天元之气的虚实变化，结合人体则六经作用于六气之化，六气又本于脏腑功能。二者的关系是经脉为标，脏腑为本。”

太极拳的修练“由着熟渐悟懂劲，由懂劲而阶及神明”之过程即是内脉循经的过程。从着熟到懂劲则是在操拳过程中体现“以心行气，务令顺遂”的原则，给太极拳的修炼划出了指南，顺遂之处，则是经脉通畅，或是利于经脉通畅的动作惯性。渐而懂劲，则为继续从顺遂有利经脉通畅的动作上努力，渐而导致习惯，这种习惯的势力，客观上迎合了循经的需要。这一点是太极拳健身的关键所在处。它的顺遂懂劲原则正是以武演道的初始，然神明之处是以武证道的开始。

分析太极拳的循经，可能得出两个结论，或者是长年累月的努力，由着熟渐悟懂劲从而阶及神明的悟道阶段，或是太极拳的开创形成其生命的条件，就在于注重循经，而使学人从中追求修真，继之做出努力。前者是以武而入道的路子，后者是开创了以武引人入道的路子。这两者的统一原则都是以行经循脉来达到太极拳生命的努力的目的。

前文中有叙言，周潜川先生说近来某些太极拳家的路数“动作繁复，阴阳气脉纠缠不清”等语，大泛“面如涂硃，有似醉酒”，察其脉络“三阴气脉每每过迟，三阳气脉时常领先”。这表明社会上某些太极拳家们没有领会“顺遂”之意，不知有循经内脉的操修专为，一是毁了自己，二是误传了后学。因此，费了诸多文字，旨在叙说太极拳宗保留着古老的传真。阴阳易理是太极拳宗脉的指导理论，内脉循经是太极拳宗脉的实践体验，技击操演是文明的脉传中尚保留的风采。这样分析会让学人有个明白的机会，从而使太极拳宗得到弘昌。

谈到太极拳之循经说，使人想到医学，那么医之先哲又是如何说的呢？张介宾说：“经脉者，脏腑之枝叶，脏腑者，经脉之根本。”《内经》说经络是“内属于脏腑，外络于肢节”，“三阳经乃六腑之气所发，三阴经乃五脏之气所发。脏腑之气旺，经气乃盛。”清代医家唐容川说：“天有六气，人秉之而有六经，六经出于脏腑，脏腑各有一经脉，游行出入，以布其化。”

按照天人合一观，自然界中有风、寒、暑、湿、燥、火（六因），人情志方面有喜、怒、忧、思、悲、恐、惊（七情），作为内外之因都影响着人身的健康。人在大自然的影响之下，脏腑、经络在生理、病理上都存在着相应的关系。也就是说正值某一经的气血来潮时，相关的脏腑则必有反应。气血旺盛的对应时辰，则有相应相关脏腑，医家可据时辰来取相应脏腑经脉之对应穴脉来调节人身。太极操修是以手足相因的内脉来乘阴阳盈亏现象，以招术来完成内脉之循经，也可以说是手足相因的动作协调着内脉的循经。直观之，太极内炼的循经，是通过动作来完成的，而动作的迟速、转换、轻重，都直接影响循经的阴阳平衡。难怪“经”

云“一举动俱要轻灵，尤须贯串……”。

再从循经的意义中引伸，看太极拳达到循经的精准之后还需做哪些努力。本书前面内容交待了阴阳易理、内脉循经的内容，余下的就是武技操演的内容了。武技操演阶段是人们热衷的内容，然而必须在循经内脉的修为上来印证功夫，用阴阳易理来指导行经及阐化武学，久之方显“其技弥精”。到了这个阶段，一方面是武法之探求，另一方面则是静定功夫之精进。武法的探求是以气血行经为依准，而导致阐化武学之分筋、挫骨、点穴、闭户、飞经走气，或切截四肢所用之筋骨折伤法，或是以闭截法使气闭经穴，导致脏腑伤损而使残夭。静定功夫是以元气饱满，引阳上升，转入脉冲九华，飞晶入脑，使脑细胞得到真气之温养，增强记忆，或是慧日高悬，长生久视，丹砂白羽，通达修真之途，功行九转，以力真乾之精修。

天人合一原则沟通着三才法象，在天者为阳，在地者为阴，在人者阴阳各居其半。“人身之有腹背，犹天地之有子午，任督之有前后，犹二陆之分阴阳”（张介宾《类经》）。在天者应于通过天体南北极及通过夏至点（午时）冬至点（子时）之子午线形成的子午圈，在地则是通过英国格林威治天文台之子午线。

## 第二节 太极拳与易

太极拳以太极为名，是拳法理义中与“易”相合，感而遂通，故名之以太极。又，太极者，阴阳也，拳经有“太极者，无极而生，动静之机阴阳之母也”之句，明示太极为拳之理意深焉。又云，太一为道。太乙者，道，阴阳显化。悠古太虚，由兹而生，太素有形，太虚为象。元始开天，道化阴阳，是由一而演生万类也。

易之为象者河图，易之为文者《周易》。上圣观天地而识造化，云天下万类概由一气所生化。圣人作卦，制度纪天，运数追踪，以明阴阳之变。古仁者言，立象以尽意，以统万化之情。寓天地造化之机于易象卦爻中，乃自然之道生。穷其道、象、理数，其四者通天地气运之盈虚消长，一为始，而穷而终。

故之言易者，探易之微，从一而化，得三为乘，往来为用。太极寓理，卦象参真，以爻通幽，以象知真，此为天地合德，日月合明，四时应序，鬼神定吉凶也。

卦爻易为以一初为，故有从一之说。一者道之生化，一者天地浑然，《说文》喻一云：“唯初太始，道立于一，造分天地化成万物。”易之为用，阴阳如一，易之为性，开合变通。先玄求先天，定卦呈象，务为求后天，期在玄用。乾坤开合，天地再化，隐在权变，悟在玄通，裁有制用，数有穷通。圣人云：“天不变，道亦不变。”大易呈明，亘古不易。

大易始有象，在羲皇之代，历于文字之前。天地旋象，造数穷通，卦爻象数，易之性义也。

夫易之为象，以气亨通，以迹应之乃为玄象，即圆也矣。乾坤定位，水火交融，图呈八卦，形以气生，气通形变。玄通周天以作三千六百字，合为六十四卦，三百八十四为爻象。先仁云之，数理精微，大易天象，法天则地，务要穷其数度。

诗云：

易理为象玄图导，帝演先玄造化深。
太极真源出黄极，河图玄化有全真。
卦爻振动合自然，玄用前后判晨昏。
相因法脉传至道，天元意会演乾坤。

太极阴阳开鸿濛，三环二仪定玄通。
三才立极昭形象，两曜飞明会西东。
天地开合真元生，奇隅应变造化同。
物理卦爻经穷处，一气蕴姻运元工。

先天一气号虚无，剖产阴阳两仪出。
坎离周宫融水火，乾坤容会产真如。
上腾瑞气贯金鼎，玄化阳光结玉珠。
一阳动处万物辉，方圆规矩循环呼。

万类运化藏太极，河图洛书经希夷。
五行伸变生物象，八宫相荡隐须弥。
天垂法度臻变化，人承太乙重致一。
易理始终经自古，层层处处宣高低。

太极之为拳，当明太极之本意。太极者，易之所生，阴阳互生，互根互藏，忽隐忽现，往来相推，是明太极以易见之。日月往来而成明，寒暑运化而成岁。八卦相错，顺逆为数。太极反复以应六爻之动静，太极动而为阳，静而为阴。

太极之运化，造艺成拳，悟道呈真，参玄知象，万类务以应变化之机，时概以艺应之，以武宣其哲，动静阴阳乘之易。太极者以图云简，以弯言穷。大易真数莫不从一元初始萌生而来，生生不息，滔滔不绝。易理穷变，易理奥玄。

当年祖师乘易理而造艺为拳，以拳脚生动静，以武法显玄机，正隅异常，造持变化，经演大道，反复通玄，易名太极。

操拳之首，守之静定，心含虚灵，目持玄光，脉会中元，阴阳得其位，时开拳以启玄机。

起首分阴阳，阳在先为起、为动、为开、为纵。阳前而阴后，阳动而阴相随，目光乃受之心，神视补之空隙，以助混元之威诚。目光视之则神光参真，“经”云一动无有不动，一静无有不静。动中求静，静中寓动，是谓太极兼生，化之动静而为阴阳。动则遂通万物，静则审听万类。物类参动静，各秉阴阳之性，权会玄通之妙，故不失其太极大易之准。操太极之拳，启乾坤之示，全坎离之用，行气以全形之妙，演象通于动静阴阳之权，有气有象，参形而施造做。操拳寓化柔刚，时动静有常，刚柔断矣。太极以阴阳而分，易数以六位而成。太极为拳者以三十六式环演周天，分为九，寓其四，刚柔相摩，八卦相荡，应之变化，故以混元四相展其手脚，以一团元气而造物万方。拳艺以混元之法合于内操，内炼气血以畅玄，外化拳脚而宣武做，以大易参真，故拳家以静以动参同太极。

易以天地气运，数合自然，拳法以人身为契同，精气为物，以丹田资始，气血盈充而万物资生。物各有象，以臻五行。大易有象有形，气与神俱而自玄慧。形气交生，以权太极之学，泛武以形，修真以气。武以形成俱之动静刚柔之事，真以气充合之阴阳生化之机。事机同奏，内外合一，性命共举，法缘同证，人我共机，斯称太极之学。

拳家以混元之力，圆通自在，周体虚灵，贯串始终为其大要。太极以言道，阳升则瘔，其法掤，其步进，其意通，其力沉，其神得之以用。阴降则寐，其法捋，其步退，其意止，其力浮，其神得之以权。一招一式莫不由太极而生，一进一退莫不是动静开合所至。身法得其展、扬、分、涵、操、转、虚、振、抖、止、进、换、定诸为。其力以崩、切、浑、抽、捻、滑、轻、滚、惊、运、铺、蹬诸势。其步取腾、跃、奔、踏、切、赴、合、并、移、突、涵诸踵。其礼仪示之恭、让、谢、答、敬、谦、为、礼、参、云、拜、怒诸姿。太极之拳家当以拳姿展姿于天地之间，涵浩气于山岳之势。行拳走势，宣合气血以养身心。神怡心逸，操示烟霞为真胸怀。宗传十三式尚存“静如古塔立如松，动如行云快如风”之句，畅翰至则要。拳家明“易”始觉神功入道，初解术以道通，久之方执以武演道者意奥。行功时，但能人我同操，物类相感，神气相依，意力合息。观己之际，以内观外，以心视手足，以气遂身姿，以力推势，以神合虚，以道通玄。是谓之观我、观人、观物、观为、观目所不见处。审听无为，心即灵虚，以心身涵合元气，使人我天地同一注，无上下，无清浊，无愚智，无一切分别，诸无而已，方可谓此可近之于道。拳家走架以舒展筋骨为初则，以吐纳无为感细律，最终以无为而为证道于鸿濛。先畅情后明理，先动后静，文武同宗同修，乃称大道。

拳家知“易”已成今古，纵横天下无一将勇不知动静阴阳，无一军士不率文章韵律。初史以物辟鸿真，近史以文彰治世，《圣教序》文首斯篇已经深得“易”为。序曰：“盖闻二仪有象，显复载以含生；四时无形，潜寒暑以化物。是以窥天鉴地，庸愚皆识其端；明阴洞阳，贤哲罕穷其数。然天地包乎阴阳，而易识者，以其有象也；阴阳处乎天地，而难穷者，以其无形也……”

斯易者，居于十三经之首，历计两万四千一百零七字，已探哲、数、物、地、医、生、命理、兵法诸次领域。可谓“易”与天地准。

附录《太极拳易诗六首》：

精研八法蒙易深，太极图演真元根，
初纳大甲启六合，长使天丁铸三轮。
圆玄有形秉后天，方规无格养圣真，
金编时录太极理，三十六式动天心。

参玄太极演易精，阴阳动静合性情，
前取灵台正阳合，下抵海底履阴生。
圆通太阴推六脉，妙举初阳运三庭，
周经缠循应有会，春光几度六六宫。

六脉阴阳正太虚，太极生处见须弥，
无火应投中离数，有形即合参玄机。
腾冲一气工龙虎，交会六脉正希夷，
九转天光心月朗，拳法久经演太极。

一处武功一处精，三环九转动玄英，
掤挤应敌阳生化，静定无我阴自清。
纯阳神火燃朱府，天轮真乾摇金晶，
三十六式运玄妙，太极经义不可轻。

太极拳法证先天，前足定在后足前，
起手高展三阳威，醒气长运八法拳。
猛虎抱头披金甲，白蛇吐信惊斗栏，
掌锋回然十三式，神室震动星斗寒。

内炼气血与易通，参玄合道太极经，
宣会龙虎蕴水府，动用铅汞透离宫。
丹砂初结子午印，宝笈珍藏日月精，
自从先师开武界，曾将丁甲岁月封。

## 第三节　脉流概谈

何种形式的武学与修真，都不可避免地有其文字上的凭据，或形成套路的一招一式动作，或任何一个姿态相应都有一个名称。这个名称的出现，是由一个单词代表一个形态，其中也都有一个典故。传统功夫中有典故，而典故的隐喻与动作结合形成圆满的完整体。当今社会上却把这些代表脉传的名称，进行了改革。把这些有形象、情趣典故的名称都改了样，比如上步冲拳、马步侧掌、进步撩掌等。这种改法是武术进入到大学后，大学教授们为了便于教学，统一动作而形成的。表面上看，能使初学者便于掌握动作，其实是将动作的神采减掉了。倘若学人能理解动作的传统名称与其典故的由来，一则可以通过典故的情节进而渗化到功夫的神采中，提高动作臻于武学神韵的内涵。二则可以通过典故使武学参真，领略传统脉流的真实感。现在却丢掉有情趣的典故的内涵，让学生机械地学习，只着重表面的肢体动作，失去原来的传统风格。

例如：传统太极剑中“黄蜂入洞”一式，名称中就可以看出原来的神韵。可是一经改成“弓步点刺”的名称，其动作本身的神采则顿然失色。以言而喻，“弓步点刺”，只限于上一步纵越，前腿形成弓步，手臂握剑向前移动。伸开前方执剑的手臂，完成动作，如是而已。若是沿用“黄蜂入洞”而论，古人立意高古，并非为动作而略逊神采。先按“黄蜂”一语，不用蜜蜂、花蜂之柔轻，不用马蜂、芒蜂之狂勇，而用黄蜂，是取其中（五行中，生化循环，惟土属中宫，其色黄，卦爻中，起于震而终于离）黄蜂入洞，以不激不励、不泛不弃、不刚不猛、不草莽不轻率，以剑之尖锋为神思之所注，像黄蜂那样似流星游于玄穹一般，带动二弦四刃，继之剑体周身而神真自我。如此弓弹前越，抢踏向前，身剑合一，带动全身。身形以剑锋为主帅，合之于神，醒之在脑，施之于手足，形成是斯。剑锋前驰，势如黄蜂，似流萤之快捷，如鹰鹫之犀利。入洞超然，准而衡真，千真万确……剑锋在空中的运行轨迹是曲中求直，操持之间，寓神于霜刃寒锋之尖，游刃持神。如此神采，藏神寓姿，挥扫神剑，方不失之功夫内家。

这个例子说明了传统脉流分化演化的层次，以及武学在社会上的体现。站在文化的角度上来看，根据文学词语对名称的分别，就可以辨别其各种层次，分析其历史以及其成长过程。可见名称的修辞是十分慎重的。如果按脉学来讲，名称则是反映了时代的情况。至于今时怎样追溯当年历史，只有通过各时期的作品，来了解当时的学风。也只有当年遗留下来的内容，才可以还原当年的情景。名称反映了传统学识成熟的年代，而功谱拳脚也都流传着当年的气息。

学识都是由不成熟转化为成熟的。在漫长的岁月中，如太极拳每式的名字，都反映了该动作的特点、技术要领。当然从初级到高级，这些名字是不断变化的。传统完整的套路，其名称就反映了它的层次。如此说来，通过套路的名称就可以分析其为正宗或散流。

例如农民言拳说："头路弹腿似扁担，二路弹腿人拉钻。"无论语言还是动作都有农民的特点；读书人言拳则说："一羽不能加，虫蝇不能落。"动静之中，落笔纸上都难免有些书香之气："怯敌还是艺浅，善战必定艺精。"戚继光论拳则显示出了大将的本色。可见武学中的文字之间，存在着诸种层次。太极拳的古朴天真，存在于脉传之中，也存在着传统的养生与修真的同一性，其血缘关系在太极拳成熟过程中，在民众中逐渐成熟。而在民众中能有条件提高，普及它的人，绝非草莽，而是有一定层次的，即在传统文化脉传中有相当造诣的人。

名称的典故也是紧密相连的。如按事物发展的客观分析，应是此孪生的血脉。主观上来分析，养生修真有其理想的境地，通过名称也可以反映这项功夫学识在流传沿革中是否健康，健康则使其生命走向成熟，否则成为散流。这些因其没有得到完整脉传的散流，其学术思想体系的残缺不全，就像是未完成学业的孩子。当他们还没有机会完善自己的学业之时，就开始将自己的学识向下留传。造成散流间的代代繁衍。当年的历史，就这样留下了不健全的功夫。

探索“太极拳”是否是一代宗风的血脉承袭，可通过动作的名称来判断（其他拳种武学也如此）。稍细心的人，可以从历代的太极前贤们的身世看出这种关系。从太极拳的功谱理论来看，在太极拳的成熟成长过程中，是一些有传宗、有内德而文武兼备之士，经过自我实际之记录，久而形成学范，留下谱文供后学参真。事实上太极拳之书籍泛漫天下，应该说是太极拳普及的繁荣，而在这满园春色的季节中，与芳华俱在的又是杂草丛生。如何判明真伪，判明脉传与离谱传宗，需分析功谱，要以传统理法作为镜子、尺子来权衡，离开这些的任何努力都不是方向。

由于岁月的风雨，使正宗与不成熟的东西都向下流传。今天来分析这些事由，为的是给后人留下更完善的真东西。当然，也希望曾经得到还不曾完善内容之人，靠近宗风逐渐完善自我，在学习过程中，以名称、文字、谱文、典故寻找出处。正宗的每一步修持历尽岁月，规循有迹，形成自然属性的修为。只有按次第范修，没有精粗真伪之别。这个自然的属性，是宗风的生命，是传统的血脉。

## 第四节　三昧真参法

任何一门学问，任何一个学术体系，都有它独特的风貌。一个体系要形成完整的风格，必须具备相应的条件和衡量的标准，并形成专业化的用语。传统修真的学识，有正宗与散流之别。正宗的流传，有其承袭之脉络，有一定的规程，各有师承，自成体系；而散流则是没有得到正宗的传承，在学术上尚未达到正宗的完整的阶段，与正宗存在着一定的差距。衡量正宗和散流的标准就是“三昧真参法”。

三昧真参法，“三昧”就是“精、气、神”。不管是练功、修道、中医，还是治病救人、享尽天年，都离不开精、气、神。精藏于丹田小腹，神在颅腔中运化，在小腹丹田与颅腔之间往来的是气，它们在体内各有各的位置。不管是社会流行功法还是传统功法，不管是正宗还是散流都讲“炼精化气、炼气化神、炼神还虚”。但具体的修为就不同了，在传统的内容里，神传的迹象是“化神为气”，“炼气还精”，以再造精神。三昧真参法就是在具体的修为过程中来评判是正宗还是散流。

三昧真参法即：以形鉴真，以文观意，以音弘法。

“以形鉴真”是通过手的造型、身体的姿势来评判功夫。在传统学识里，手的姿势，道家称之为执法诀，佛家称之为结手印，儒家喻之为挽手花，瑜伽又叫索指、结指。在练功的过程中，通过一定的姿势、特殊的指印来调节体内的阴阳气脉的循环，调节精、气、神三者的转化。由于不同的指印法诀，不同的索指形状，直接调动体内的真气流通，也相应地出现不同的流注动向，这就是内气在行功过程中，由于结印不同而产生不同规律的气机交注，因而保持手的正确姿势很有必要。比如，两手上下相搭，拇指相对，男士左手在上，女士右手在上。在两手拇指对上的一刹那，身体左侧和右侧就产生循环，两侧产生生理结构的变化。这些指印是传统留下来的学识，是正宗留下来的痕迹。不管是坐势、卧势还是站桩，每个姿势要非常精确，才能使人的精神、元气、血脉沿顺着人身的内在轨道循行，产生完整的循经。姿势的精确与否也判化了正宗与散流。

“以文观意”是指通过对功谱的学习来提高自己修习的层次。正宗的功夫，不管是什么阶段，都有功谱。功谱是师真法祖在操修锻炼过程中提炼出来的文字，不仅用字很精确，而且还隐含了词意以外的奥义和只可意会不可言传的韵律。通过阅读功谱，可以真正了解正宗的脉络及每一个修持的阶段。进一步的阅读，在了解知识的基础上，使自己的神与功谱相靠近，和功谱里叙说的境界相靠近，最后，通过背颂功谱，使自己的神与功谱的神相化合。通过对功谱的学习，在练功过程中自然就进入到功谱所叙说的那种境界当中了。“练时情中有，用时形内含”，在练功时和古人的神相融合，心领神会。

“以音弘法”是通过“念”而使人的身体、颅腔或者某个部位得到振动。如念“嗡”字，就可以感觉到从身体里面向外好像有波在辐射，直达表皮。可以说，社会上藏传佛教所念的有一定道理，但它们却还是梵音。而早在明朝永乐年间，高真大德们已经把梵音翻译成了汉语，这也是九脉合真的成果，是断代的文化。而今人所知道的历史中，并不知道这断代的文化，仍以为梵音是高深莫测。

“万物负阴而抱阳”。真正的文化都是阴阳两元的统一，形成一个太极的图象，形成宇宙全息论。如“天对地”，天是阳，地是阴；“雨对风”，风有象而雨有形，风是阳，而雨是阴，形象相对；“山花对海树，暮鼓对晨钟”。在阴阳两元的另一方面的内容就是以音弘法。“随读不同，其意不同”（清·刘熙载《艺概》），指出在这里别有洞天。如在念“三千恒河沙，深源定慧，光超大觉，浩浩密谛，当年法界印传灯”时，可以体会到身体当中气机的运化。在念“三千恒河沙”时，身体当中的气到了承浆穴；念到“深源定慧”时，气走到膻中；“光超大觉”，气继续往下走；“浩浩密谛”，气从胃向下走；“当年法界印传灯”，一念“灯”时就能感觉到气从丹田非常快地蹦到颅腔，几乎在丹田和颅腔同时得到震动。这是传统的“以音弘法”。

五千年的岁月，黄帝造印剑令泛传于世，贤侠剑道的出现，封真文化的产生，前贤大德给后人留下了传统的脉学。时代要求今人继承和弘扬修真的文化、传统的脉学，也让人们有所鉴别。人们可以根据“三昧真参法”去把握正宗，从而靠近正宗，向正宗学习。

## 第五节　拳打卧牛之地与太极循经之内操

纵观太极拳之书，多泛有姿势动作标图说明，便于初学者学习。书中每言一招一式中的分解动作，或是举手投足，辨明方向，甚至练功打拳之始所在的位置，拳术完结时还要回到这个开始的地方来。书中备有路线图。

尝闻内家拳有“拳打卧牛之地”之语，足以说明，内家功夫之习注重风格，可以在仅有牛卧在地下这么大小位置的一块地上，即可驰骋武学了。先天太极内练之法，则是遵循

"拳打卧牛之地"之说来完成演练的。先天太极在拳打卧牛之地的原则下，内以循经，外省肢骸，通畅经脉，宣合气血，达到武学所要求的修为。

可以说，"拳打卧牛之地"，已经交待清楚内家宗风的拳修规范即是活步太极。

"拳打卧牛之地""静观牛眠之地"。按传统风格而语，前者是指武学的修为，所涉需的范围。后者是指静功定力，指人之神光收敛，先从牛卧在地上入睡这么大的范围，开始收敛自我的视线，即入坐而先，将眼皮下垂，不需合闭眼光，留一丝光线，直可看到卧牛般的方圆大小，久久参真，是为"静观牛眠之地"。

循经太极拳的修为正是"拳打卧牛之地"，虽式子不多，每式的操修都完成在卧牛之地，而相互之间的连接也按其内在的表里相循的气脉流注来完成。这样将每个式子连贯起来操修，形成内家内炼之为。可分为两个阶段学习。

第一步：初学者，可以将某式子，随动作单独反复练习，乃致精熟，以求内气循经而达到修为，体会其中因循经而产生的潜气内行的实际滋味。先练好一式，然后再学一式，如此反复练习，乃至最后全部学完。

第二步：在每个动作都单独锻炼的基础上，转入第二阶段。这个阶段，可用全体大用篇的谱文来接踵前后顺序，即先背诵熟读谱文，然后领略谱文与行功的内在含义，领略每招每式的操修规范。在这个基础上忘掉功谱所指示的前后顺序，以内在的循经为主体，一气贯通，随其潜气而生成式子，产生由内脉循持而发生的动作，或是因循经之故，甚至某个式子多习反复。这样串联起来，形成拳路，如此完成反复动作，直至完成全部拳路趟子。

概括而言，前者某个式子是单独地煅炼，体会每个动作产生的循经。后者是将每个式子因气化而关联起来，完成复杂的循经。这样既可以通过转换身法、步法，“拳打卧牛之地”，也可以随环境之大小，因气化循经而乘兴，不受约束，将体内气血随动作而宣合。这样修为，并非无律，而实为潜行循经，来决定外动的有形表象。

以内修的原则来看“拳打卧牛之地”，这正是古人尽言内循气化之妙玄。并非似俗人散流以机械般的动作，来勉强身形，违背气血脉流，而使气脉阴阳失度，造成丢掉内炼内操而使太极拳失真的局面。

每见今人言拳放松，以求自然，不知气血内流的体感，不松而自松。言在行功操拳中以眼看手，孰不知眼为神光所聚，眼神当视其手足照顾不到而生成的虚处，这样眼神与手足才成平稳势态。言动作速度要慢匀，更不知经脉周流中，阴阳经脉气血流注存有速差，“动急则急应，动缓则缓随”，是言内操。身形当随气脉循经而起浮升降，开合有度，收放自然，并非浅指因敌动而生急缓。拳经言“如长江大河，滔滔不绝”，并非指套路之长短，动作之繁简，而深谙内操气血宣通之势。滔滔不绝，如长江大河，如日月经天，纳子午于内脉，行气血而经四时，精、气、神之运化，与天地准，与日月齐……久而臻于此，乃成内操，以基丹家循经修脉之为。

太极专修，“拳打卧牛之地”，是言因内敛而生成气血循经之力，无论内操之修为还是技击外用，均守乎中宫，不失偏激，因动作而循，合宣气血之机枢。“拳打卧牛之地”，发微天地，仰俯进退独善其形，以阴阳动静而为用，实可言内家之操修。不失之牛卧与牛眠，方证壶中三昧，以此为之，乃臻太极之意。

## 第六节　太极拳循经之操修解惑

曾有学员问：“循经太极拳一次练习几遍？能不能间断？练习太乙元明八势，是需要练习一段时间，再练习太乙元明功大炼形三势吗？大炼形三势收功时双眼闭合吗，略站几分钟呢？”

这是初学者所存在的普遍问题。看书学习存在着一些细致精微的问题。本来丹经武学之承袭是依靠口传心授，师徒相习的。写在书上的内容是考虑到其系统性、完整性。书中详细地记载着谱文、口诀等诸方面的内容，书中该写的内容，应是详详细细，读者可以反复展玩，得其精神。

按传统的承袭，“库封彩瑞，案设金函”。丹田之内封存有“瑞霭”元真，而书案上当存有“金函玉册”，这“金函玉册”是指书谱之类的藏真。就丹道武学而言，按自然之顺序，是先练习小炼形，其作用可调节身心，抻筋拔骨，疏通经络，同时调整形体。人身三百六十五大穴，近年西医发现的“阿是”穴有增无减……其实这些内容对初学丹经武学者是没有多大的用处，知道后但觉眼花缭乱。究其丹经武学之“修真”而言，初步掌握十二大穴位就可以调节身心状态了。这涉及“修真”的“穴道”是依赖小炼形达到的。

比如说：胸前膻中、后背夹脊、小腹丹田、身后命门、手心劳宫、脚下涌泉、头顶百会、身下会阴、脑前金庭等。

这关系到“修真”武学、强健身心等诸方面的作用。

小炼形有了初步锻炼之后，再按进度学习“太乙元明功”。

玉环桩推得自如了，再操演循经太极拳。

一些学员通过学习阅读教材，初步知道丹经武学方面的学识是何等丰富，并非似社会流传的“泛说”那样无知。“正宗演大道，傍门重小术”。按丹经武学来说，“太乙修真，元明八势”是何等的权威重要，况且深入尚有密传真切之有为法，并不是社会上泛传的“想入非非”的东西。正宗的内容是“限期取证”的标准。只要练，就见效。

所讲“有了初步锻炼体会”是指饮食睡眠，精神足，记忆力增强等方面的改善。玉环桩使人身体恢复健康，进而强壮体魄，再练习循经太极拳会有事半功倍的效果；小炼形有了感受，再学元明八势。

练元明八势，体会感受得到稳定，至少要有两三个月的时间作为一个时期，才可以体验大炼形三势。

《真元宝笈》有“此时，需闭目内守，神光注意丹田”之句，是说动功是静功的基础。“闭目”是有因由的，不是妄为。练习丹经武学，待肝经之气脉循经经过二目时，闭上眼睛，是以利肝经气血归经纳入玄窍。而“行功”结束时更要注意“敛气归窍”时，随气机“纳甲归元”，不至于发生真气外游现象。日久功益深，当真气归经的体会有了相当的基础，每每有“敛气归窍”的感受。至此便不需要“闭目”以待其行经了，那时睁开眼睛会觉得世界更清新。

在元明八势的基础上练大炼形三势，初期阶段，收功时的“敛气归窍”可以睁开眼睛，也可以闭上眼睛。在“元明八势”初期阶段就要知道这是常识性的问题。此外，如要寻求“敛气归窍”后的舒适感觉，希望延长一些时间去感受那种如饮甘露、如灌醍醐的实际滋味时，就可以随意掌握时间，岂是“略站几分钟”。

# 第六章　太极拳的循经对养生的贡献

## 第一节　人体经络概述

### 一、十二正经介绍

经络学说，内容丰富，是祖国医学重要的理论之一。人体经络内联脏腑、外络四肢关节，起到沟通表里、贯通上下、运行气血、输布营养、协助脏腑完成生理功能的作用。

《灵枢·经脉篇》曰：“经络者，所以决生死，处百病，调虚实，不可不通。”

《灵枢·经别篇》曰：“夫十二经者，人之所生、病之所成、人之所治、病之所起、学之所止、粗之所易、上之所难也。”

古人认为“内景隧道，惟反观者，可照察之”，通过专修的锻炼方法，自己可以感受到气血循行的路线，领悟经络学说的内涵。

十二正经是经脉系统的主体，内属五脏六腑，外络四肢、骨节、腧穴，是人体气血运行的主要通道。

十二正经分别为：手三阳、手三阴、足三阳、足三阴。

手三阴：手太阴肺经、手少阴心经、手厥阴心包经；

手三阳：手阳明大肠经、手少阳三焦经、手太阳小肠经；

足三阳：足阳明胃经、足少阳胆经、足太阳膀胱经；

足三阴：足太阴脾经、足厥阴肝经、足少阴肾经；

肺出于少商，少商者，手拇指端内侧也。

心出于中冲，中冲，手中指之端也。

肝出于大敦，大敦者，足大趾之端及三毛之中也。

脾出于隐白，隐白者，足大趾之端内侧也。

肾出于涌泉，涌泉者，足心也。

膀胱出于至阴，至阴者，足小趾之端也。

胆出于窍阴，窍阴者，足小趾次趾之端也。

胃出于厉兑，厉兑者，足拇趾内次趾之端也。

三焦者，上合手少阳，出于关冲，关冲者，手小指次指之端也。

手太阳小肠者，上合手太阳，出于少泽，少泽，小指之端也。

大肠上合手阳明，出于商阳，商阳，拇指次指之端也。

调阴与阳，精气乃光，合形与气，使神内藏。故曰上工平气，中工乱脉，下工绝气危生。

从腰以上者，手太阴阳明皆主之；从腰以下者，足太阴阳明皆主之。病在上者下取之，病在下者高取之，病在头者取之足，病在足者取之腘。

凡刺之道，气调而止，补阴泻阳，音气益彰，耳目聪明，反此者血气不行。

三脉动于足拇趾之间。

营卫之行也，上下相贯，如环之无端，莫知其纪，终而复始。

## 二、十二经脉图示

出自《类经附翼》

**手太阴肺经图注**

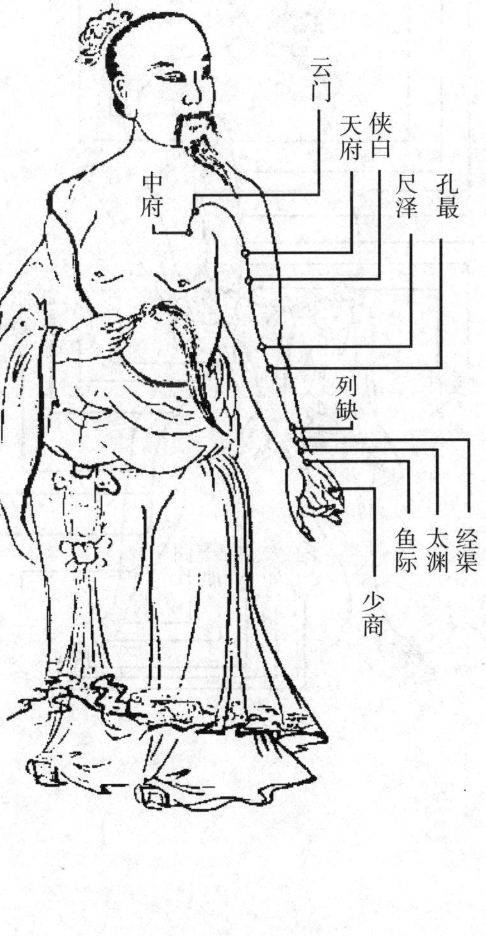

## 足太阴脾经图注　左右共四十二穴

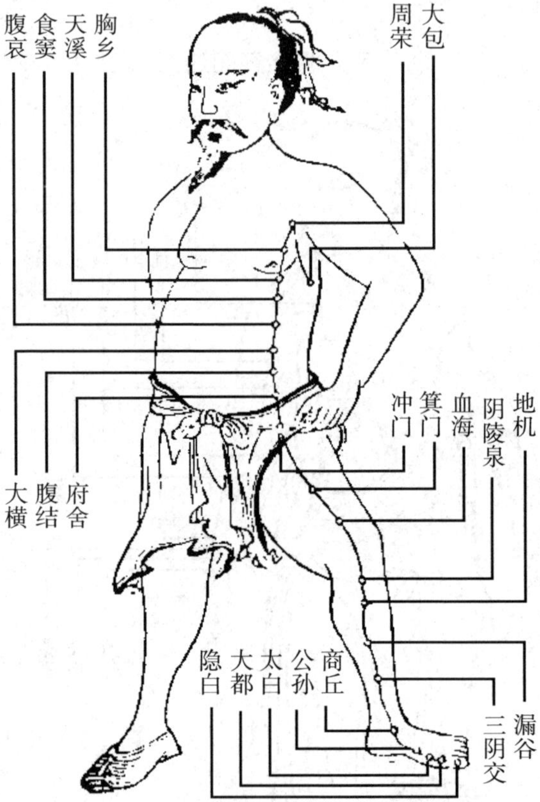

**手少阴心经图注**　左右共十八穴

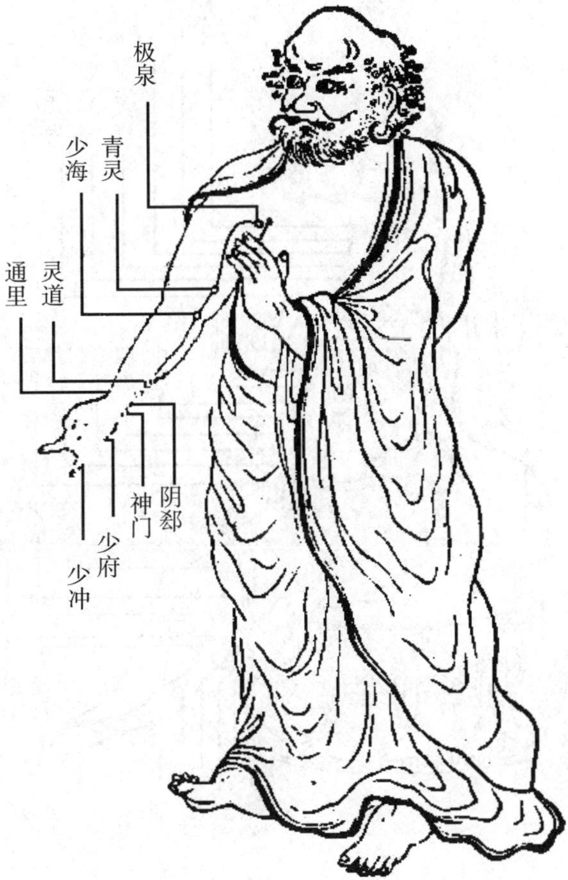

足少阴肾经图注　左右共五十四穴

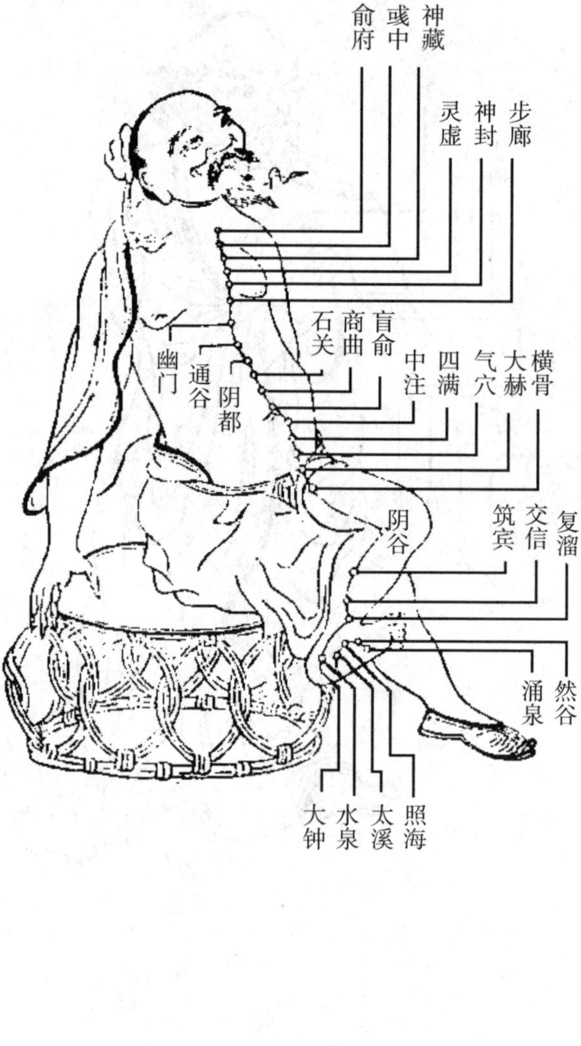

手厥阴心包经图注　左右共一十八穴

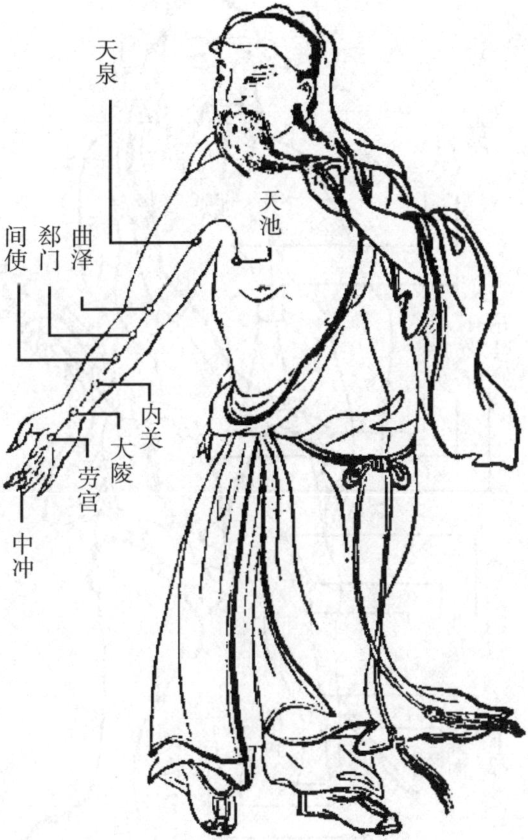

足厥阴肝经图注　左右共二十八穴

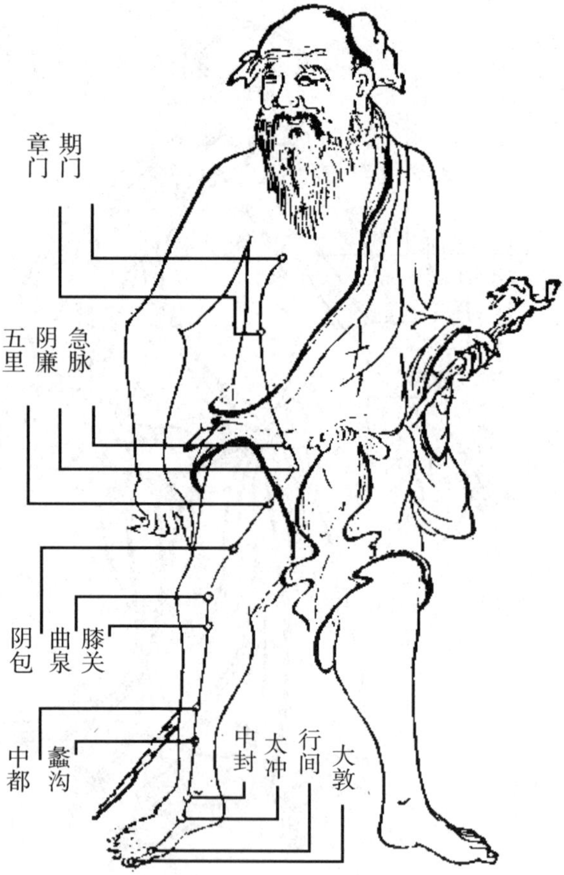

**手太阳小肠经图注**　左右共三十八穴

足太阳膀胱经图注　左右共一百二十六穴

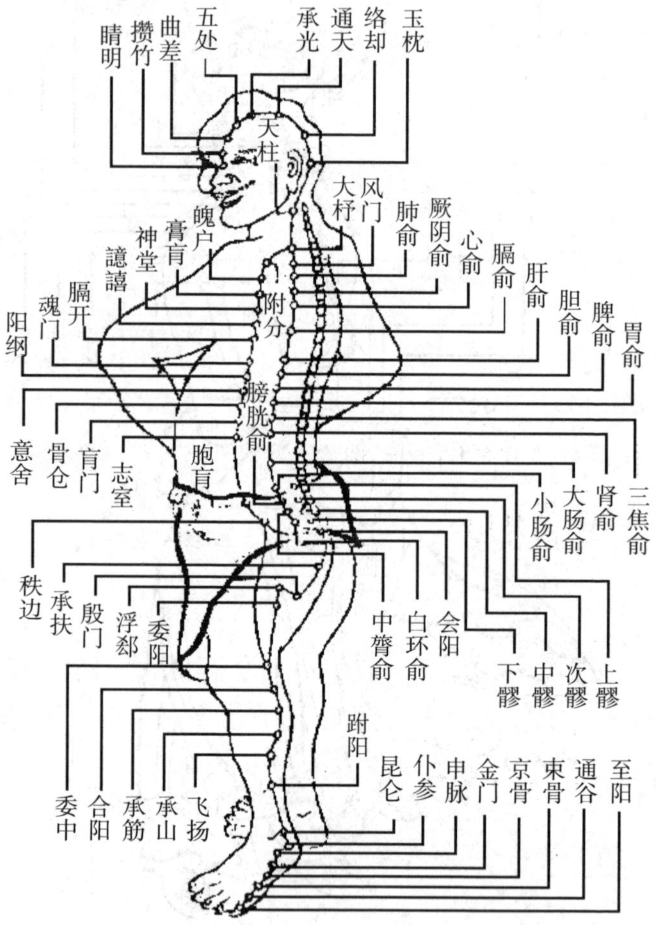

**手阳明大肠经图注**　左右共四十六穴

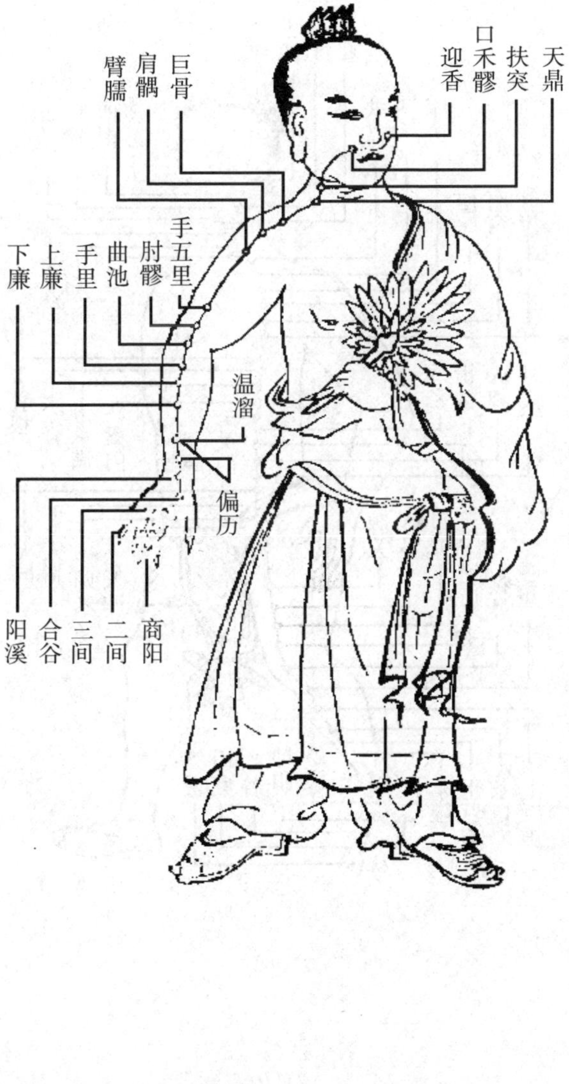

## 足阳明胃经图注　左右共九十穴

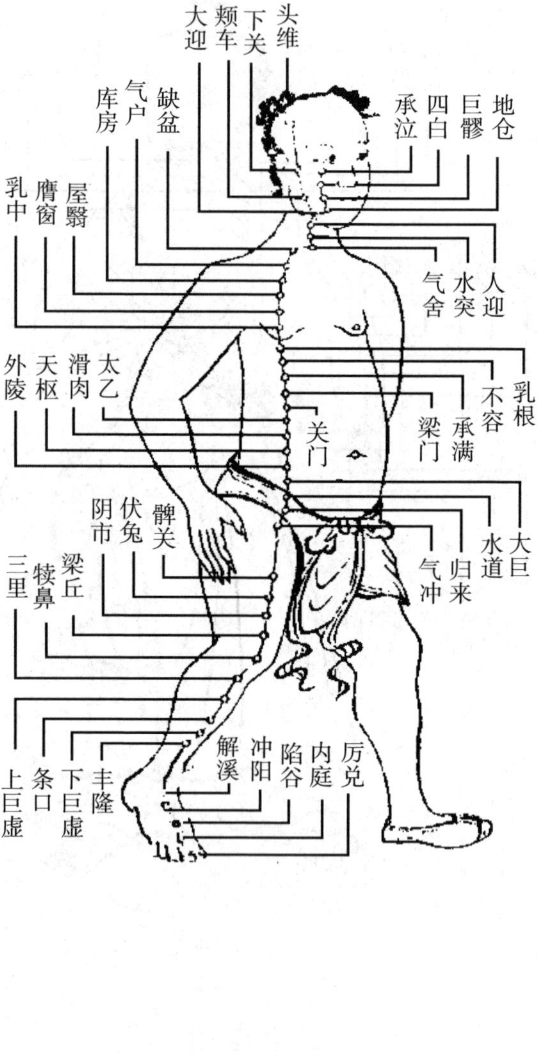

**手少阳三焦经图注** 左右共四十六穴

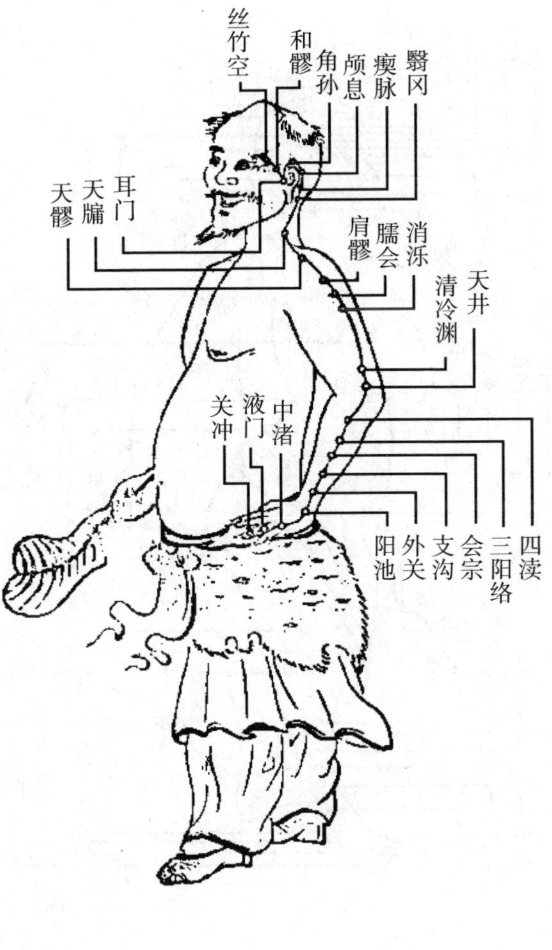

## 足少阳胆经图注　左右共八十六穴

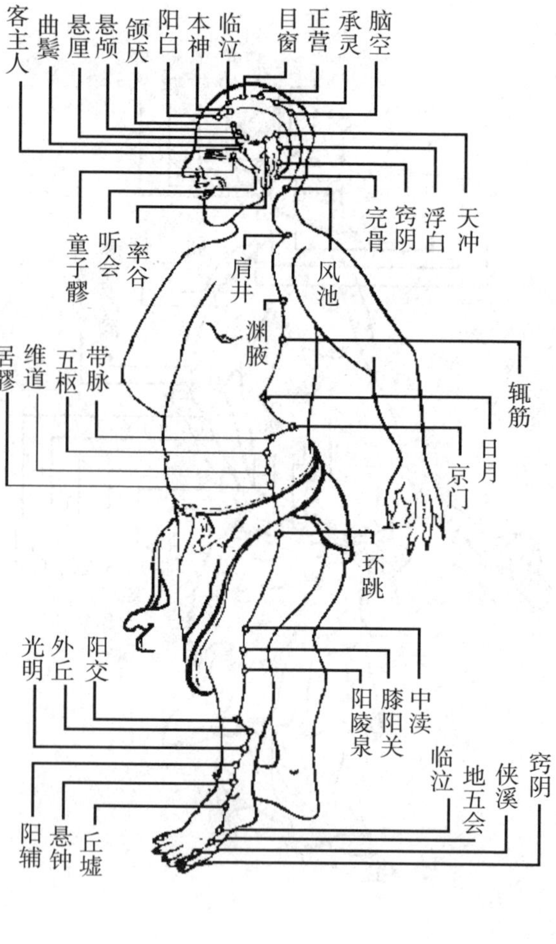

## 三、十二经脉的循行

### 1. 肺·手太阴之脉

《灵枢·经脉》：肺手太阴之脉，起于中焦，下络大肠，还循胃口，上膈属肺。从肺系，横出腋下，下循臑内，行少阴心主之前，下肘中，循臂内上骨下廉，入寸口，上鱼，循鱼际，出拇指之端。

其支者，从腕后，直出次指内廉，出其端。

“是动”则病肺满膨，膨而喘咳，缺盆中痛，甚则交两手而瞀，此为“臂厥”。

是主肺“所生病”者：咳、上气喘渴，烦心胸满，臑臂内前廉痛厥，掌中热。

气盛有余，则肩背痛，汗出，小便数而欠；气虚则肩背痛寒，少气不足以息，溺色变。

### 2. 大肠·手阳明之脉

起于拇指、次指之端，循指上廉，出合谷两骨之间，上入两筋之中，循臂上廉，入肘外廉，上臑外前廉，上肩，出髃骨之前廉，上出于柱骨之会上，下入缺盆，络肺，下膈，属大肠。其支者，从缺盆上颈，贯颊入下齿中，还出挟口，交人中，左之右，右之左，上挟鼻孔。

“是动”，则病齿痛，颈肿。

是主津液“所生病”者：目黄、口干、鼽衄、喉痹、肩前臑痛。

### 3. 胃·足阳明之脉

起于鼻上，交頞中，旁纳太阳之脉，下循鼻外，入上齿中，还出挟口，环唇，下交承浆，却循颐后下廉，出大迎，循颊车，上耳前，过客主人，循发际至额颅。其支者从大迎前下人迎，循喉咙，入缺盆，下膈，属胃，络脾；其直者，从缺盆下乳内廉，下挟脐，入气街中；其支者，起于胃口，下循腹里，下至气街中而合，以下髀关，抵伏兔，下入膝膑中，下循胫外廉，下足跗，入中趾内间；其支者，下廉三寸而别，下入中趾外间；其支者，别跗上，入拇趾间，出其端。

“是动”，则病洒洒振寒，善伸数欠，颜黑，病至则恶人与火，闻木声则惕然而惊，心欲动，独闭户塞牖而处。甚则欲上高而歌，弃衣而走，贲响腹胀，是为“骭厥”。

是主血“所生病”者：狂、疟、温淫、汗出，鼽衄口㖞，唇胗，颈肿，喉痹，大腹水肿，膝膑肿痛，循膺、乳、气街、股、伏兔、骭外廉、足跗上皆痛，中趾不用。气盛则身以前皆热，其有余于胃，则消谷善饥，溺色变黄；气不足则身以前皆寒栗。胃中寒则胀满。

### 4. 脾·足太阳之脉

起于拇趾之端，循趾内侧白肉际，过核骨后，上内踝前廉，上踹内循胫骨后，交出厥阴之前，上膝股内前廉，入腹，属脾，络胃，上膈，挟咽，连舌本，散舌下；其支者，复从胃别，上膈，注心中。

“是动”，则病舌本强，食则呕，胃脘痛，腹胀，善噫，得谷与气，则快然如衰。

是主脾“所生病”者：舌本痛，体不能动摇，食不下，心烦，心下急痛，溏、瘕、泄，水闭，黄疸，不能卧，强立股膝内肿厥，足拇趾不用。

**5. 心·手少阴之脉**

起于心中，出属心系，下膈，络小肠；其支者，从心系上挟咽，系目系；其直者，复从心系却上肺，下出腋下，下循臑内后廉，行厥阴心主之后，下肘内，循臂内后廉，抵掌后锐骨之端，入掌内后廉，循小指之内，出其端。

“是动”，则病嗌干，心痛，渴而欲饮，是为“臂厥”。

是主心“所生病”者：目黄、胁痛、臑臂内后廉痛厥，掌中热痛。

**6. 小肠·手太阳之脉**

起于小指端，循手外侧，上腕，出踝中，直上循臂骨下廉，出肘内侧两筋间，上循臑外后廉，出肩解，绕肩胛，交肩上，入缺盆，络心，循咽，下膈，抵胃，属小肠。其支者，从缺盆循颈上颊，至目锐眦，却入耳中；其支者，别颊上䪼，抵鼻，至目内眦，斜络于颧。

“是动”，则病嗌痛，颔肿，不可以顾，肩似拔，臑似折。

是主液“所生病”者：耳聋、目黄、颊肿，颈、颔、肩、臑、肘、臂外后廉痛。

**7. 膀胱·足太阳之脉**

起于目内眦，上额，交巅；其支者，从巅至耳上角；其直者，从巅入络脑，还出别下项，循肩髆内，挟脊抵腰中，入循膂，络肾，属膀胱；其支者，从腰中下挟脊，贯臀，入腘；其支者，从髆内左右，别下贯胛，挟脊内，过髀枢，循髀外，从后廉下合腘中，以下贯踹，出外踝之后，循京骨，至小趾外侧。

“是动”，则病冲头痛，目似脱，项似拔，脊痛，腰似折。髀不可以曲，腘如结，踹如裂，是为“踝厥”。

是主筋“所生病”者：痔、疟、狂、癫疾、头顖项痛，目黄、泪出、鼽衄、项背腰尻腘肤皆痛，小趾不用。

### 8. 肾·足少阴之脉

起于小趾之下，斜走足心，出于然谷之下，循内踝之后，别入跟中，以上踹内，出腘内廉，上股内后廉，贯脊，属肾，络膀胱；其直者，从肾上贯肝膈，入肺中，循喉咙，挟舌本；其支者，从肺出络心，注胸中。

“是动”，则病饥不欲食，面如漆柴，咳唾则有血，喝喝而喘，坐而欲起，目如无所见，心如悬若饥状，气不足善恐，心惕惕如人将捕之，是为“骨厥”。

是主肾“所生病”者：口热舌干，咽肿，上气，嗌干及痛，烦心，心痛，黄疸，肠澼，脊股内后廉痛，痿厥、嗜卧，足下热而痛。

### 9. 心主·手厥阴心包络之脉

起于胸中，出属心包络，下膈，历络三焦；其支者，循胸出胁，下腋三寸，上抵腋下循臑内，行太阴、少阴之间，入肘中，下臂行两筋之间，入掌中，循中指，出其端；其支者，别掌中，循小指、次指，出其端。

“是动”，则病手心热，臂肘挛急，腋肿，甚则胸胁支满，心中憺憺大动，面赤，目黄，喜笑不休。

是主脉“所生病”者：烦心、心痛、掌中热。

**10. 三焦·手少阳之脉**

起于小指、次指之端，上出两指间，循手表腕，出臂外两骨之间，上贯肘，循臑外，上肩而出足少阳之后，入缺盆，布膻中，散络心包，下膈，循属三焦；其支者，从膻中上出缺盆，上项，系耳后，直上出耳上角，以屈下颊至䪼。其支者，从耳后入耳中，出走耳前，过客主人前，交颊，至目锐眦。

“是动”，则病耳聋，浑浑焞焞，嗌肿，喉痹。

是主气“所生病”者：汗出，目锐眦痛，颊痛，耳后肩臑肘臂外皆痛，小指、次指不用。

**11. 胆·足少阳之脉**

起于目锐眦，上抵头角，下耳后，循颈，行手少阳之前，至肩上，却交出手少阳之后，入缺盆；其支者，从耳后入耳中，出走耳前，至目锐眦后；其支者，别锐眦，下大迎，合于手少阳，抵于䪼，下加颊车，下颈，合缺盆，以下胸中，贯膈，络肝，属胆，循胁里，出气街，绕毛际，横入髀厌中；其直者，从缺盆下腋，循胸，过季胁，下合髀厌中，以下循髀阳，出膝外廉，下外辅骨之前，直下抵绝骨之端，下出外踝之前，循足跗上，入小趾、次趾之间；其支者，别跗上，入拇趾之间，循拇趾歧骨内，出其端，还贯爪甲，出三毛。

“是动”，则病口苦，善太息，心胁痛，不能转侧，甚则面微有尘，体无膏泽，足外反热，是为“阳厥”。

是主骨“所生病”者：头痛，颌痛，目锐眦痛，缺盆中肿痛，腋下肿，马刀挟瘿，汗出振寒，胸、胁、肋、髀、膝外至胫、绝骨、外踝前及诸节皆痛，小趾、次趾不用。

**12．肝·足厥阴之脉**

起于拇趾丛毛之际，上循足跗上廉，去内踝一寸，上踝八寸，交出太阴之后，上腘内廉，循股阴，入毛中，环阴器，抵小腹，挟胃属肝，络胆，上贯膈，布胁肋，循喉咙之后，上入颃颡 ，连目系，上出额，与督脉会于巅；其支者，从目系下颊里，环唇内；其支者，复从肝，别贯膈，上注肺。

“是动”，则病腰痛不可俯仰，丈夫疝、妇人少腹肿，甚则嗌干，面尘、脱色。

是主肝“所生病”者：胸满、呕逆、飧泄、狐疝，遗溺，闭癃。

**十二经脉的内外表象**

| 十二经脉 | | 外部 | 内部 | |
|---|---|---|---|---|
| 手三阴 | 手太阴肺经 | 大指 | 属肺 | 络大肠 |
| | 手厥阴心包经 | 中指 | 属心包 | 络三焦 |
| | 手少阴心经 | 小指 | 属心系 | 络小肠 |
| 手三阳 | 手阳明大肠经 | 食指 | 属大肠 | 络肺 |
| | 手少阳三焦经 | 无名指 | 属三焦 | 络心包 |
| | 手太阳小肠经 | 小指 | 属小肠 | 络心 |
| 足三阳 | 足阳明胃经 | 次趾 | 属胃 | 络脾 |
| | 足少阳胆经 | 第四趾 | 属胆 | 络肝 |
| | 足太阳膀胱经 | 小趾 | 属膀胱 | 络脑，络肾 |
| 足三阴 | 足太阴脾经 | 大趾内 | 属脾 | 络胃 |
| | 足厥阴肝经 | 大趾外 | 属肝 | 络胆 |
| | 足少阴肾经 | 小趾下 | 属肾 | 络膀胱，络心 |

**十二经脉的表里关系**

十二脉分别络属互为表里的脏腑，阴经属脏络于腑，阳经属腑络于脏，阴阳经脉之间也有表里相互配合的关系。

| 阴经（里） | 手太阴 | 足少阴 | 足厥阴 | 手少阴 | 足太阴 | 手厥阴 |
|---|---|---|---|---|---|---|
| | 肺 | 肾 | 肝 | 心 | 脾 | 心包 |
| 五行 | 金 | 水 | 木 | 火 | 土 | 相火 |
| | 手阳明 | 足太阳 | 足少阳 | 手太阳 | 足阳明 | 手少阳 |
| 阳经（表） | 大肠 | 膀胱 | 胆 | 小肠 | 胃 | 三焦 |

**十二经脉的流注次序**

手足三阴三阳经脉的走向有顺有逆、相互交接，构成了一个阴阳相贯、如环无端的经脉循环系统。其具体走向和交接规律是：

手三阴，从胸走手，在手指端交手三阳；

手三阳，从手走头，在头面部交足三阳；

足三阳，从头走足，在足趾端交足三阴；

足三阴，从足入腹，在胸腹部交手三阴。

## 四、营气、卫气与十二经循行

《灵枢·营卫生会篇》云：“人焉受气？阴阳焉会？何气为营？何气为卫？营安从生？卫于焉会？……歧伯答曰：人受气于谷，谷入于胃，以传与肺，五脏六腑，皆以受气，其清者为营，浊者为卫，营在脉中，卫在脉外，营（气）周不休，五十度而复大会，阴阳相贯，如环无端。卫气行于阴二十五度，行于阳二十五度，分为昼夜，故气至阳而起，至阴而止。”

《灵枢·营气篇》云："营气之道，内谷为宝，谷入于胃，传之肺，流溢于中，布散于外，精专者，行于经遂，常营无已，终而复始，是谓天地之纪。故气从太阴出注手阳明，上行注足阳明，下行至跗上，注大趾间，与太阴合，上行抵髀，从脾注心中，循手少阴，出腋中臂，注小指，合手太阳，上行乘腋，出䪼内，注目内眦，上巅，下项，合足太阳，循脊，下尻，下行注于小趾端，循足心，注足少阴，上行注肾，从肾注心外，散于胸中，循心主脉，出腋，下臂，出两筋之间，入掌中，出中指之端，还注小指次指之端，合手少阳，上行注膻中，散于三焦，从三焦注胆，出胁，注足少阳，下行至跗上，复从跗注大趾间，合足厥阴，上行至肝，从肝上注肺，上循喉咙，入颃颡之窍，究于畜门其支别者，上额，循巅，下项中，循脊入骶，是督脉也；络阴器，上过毛中，入脐中，上循腹里，入缺盆，下注肺中，复出太阴。此营气之所行也，逆顺之常也。"

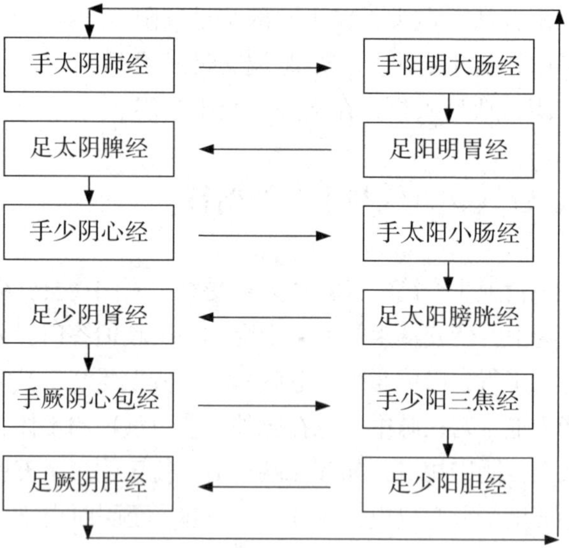

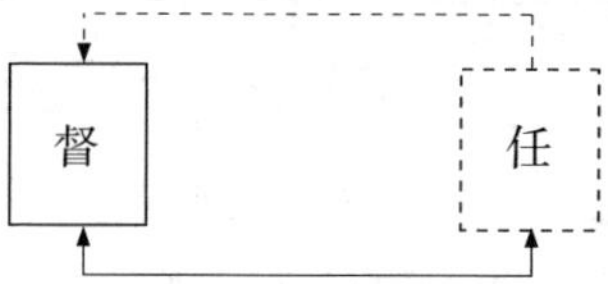


## 五、循经及动中八触

真气在体内的循环，使人们有了这种或那种感觉，这种感觉是不是表明锻炼有收益，应该说这只是入门阶段。有了这种或那种的感觉，就是古人说的“动中八触”，就是气机发动后，沿着经络在体内循环，产生的八种感觉。这八种触觉是我们操演时体会到的：

①清凉感；

②温热感；

③麻感；

④针刺感；

⑤舒适感；

⑥流水感；

⑦疼痛感；

⑧比较热的灼感。

总之，古人把它归纳为动中八触。这是气机发动后在体内产生的触觉，有的触觉是操演中影响了体内元气。体内的元气沿着经络产生震动，这样就产生了感觉，有感觉才是循经锻炼的初步。但这只能说你循经刚刚起步而已。

不要每天都追求这些感觉，这些感受是天然生成的，是自然而然的，应该顺其自然。只要坚持天天锻炼，对你的身体就有收益。真正形成经脉循行，要有一个锻炼的过程。

打基础百日筑基，使体内的元气加以充实。然后得一震动，产生太乙气化，才能逐渐达到《修真图》中说的元气在体内的沿经络循环，通过锻炼使自身无论从体质还是从精神面貌上都能达到一个完整的人。

## 第二节 《黄帝内经》中的养生之道

天地创造了宇宙当中的万类万物，于是人对宇宙有了观察，从感性上探求其中的规律。将整个宇宙分为三个层次：天、地、人。

宇宙中天地交合生成万物，形成人与宇宙最初的生活模式。

古人认为，天属阳，地属阴，天地阴阳育化万物，天阳下降，地气升腾，宇宙之中形成了阴阳交感的变化，而生万物，人为万物之灵，天气的阳气，地气的阴气，二者交合在一起形成了宇宙的万类万物，产生了生命，人的生命成长，在宇宙当中呈现出智慧。

### 一、阴阳应象大论篇第五

**【《黄帝内经》原文】**黄帝曰：阴阳者，天地之道也，万物之纲纪，变化之父母，生杀之本始，神明之府也。治病必求于本，故积阳为天，积阴为地，阴静阳躁，阳生阴长，阳杀阴藏。阳化气，阴成形。寒极生热，热极生寒。寒气生浊，热气生清。清气在下，则生飧泄；浊气在上，则生䐜胀。此阴阳反作，病之逆从也。

**【释文】**黄帝说：阴阳的道理，是宇宙间的普遍规律，是一切事物的纲领，是万物发展变化的起源，是生长毁灭的根本，是人的精神活动所聚之处。因此，治病必须寻求治本的方法。从阴阳变化来看，清阳之气，积聚上升，就成为天；浊阴之气，凝聚下降，就成为地，阳主萌动，阴主成长，阳主杀伐，阴主收藏。阳能化生功能，阴能构成形体。寒到极点会转化生热，热到极点会转化生寒。寒气的凝聚，能产生浊阴，热气的升腾可产生清阳。清阳之气在下，如不得上升，就会发生飧泄。浊阴之气，如不得下降，就会发生胀满。这就是违反了阴阳运行规律，就要导致疾病的道理。

**【《黄帝内经》原文】**故清阳为天，浊阴为地；地气上为云，天气下为雨；雨出地气，云出天气。故清阳出上窍，浊阴出下窍；清阳发腠理，浊阴走五脏；清阳实四支，浊阴归六腑。

**【释文】**清阳之气变为天；浊阴之气变作地。地气上升就成为云，天气下降就变成雨；雨虽是天气下降，却是地气所化；云虽是成于地气，却赖天气的蒸发。这是阴阳相互为用的关系。人体的变化也是这样，清阳出于上窍，浊阴出于下窍。清阳发散于腠理，浊阴注入于五脏。清阳使四肢得以充实，浊阴使六腑能够相安。

**【讲解】**张介宾曰：“……乃知天地之道，以阴阳二气而造化万物，人生之理以阴阳二气而长养百骸……”也说明了人体与宇宙的运动都统一于阴阳之变化。

中医的阴阳学说属于中医的思想理论体系，也是中医认识事物和分析事物的思想辩证方法，是中医学的理论基础与核心。古人对阴阳的认识最初是由山地对阳光的向背而得出概念的，即是朝着日光者为阳，反之为阴，后来引申至极为广泛的哲学概念，即是在自然界中，事物凡是运动、向上、向外、发散、光明、温暖、刚强，太过的属性，均可称之为阳；凡是静止、向下、向内、内敛、黑暗、寒冷、柔软，不及的属性，均可称之为阴。

**阴阳体系**

| | 上下 | 运动 | 生化 | 生化 | 气形 | 温度 | 质地 | 部位 | 部位 | 部位 | 本象 | 药性 | 性别 | 位置 | 位置 |
|---|---|---|---|---|---|---|---|---|---|---|---|---|---|---|---|
| — | 天 | 躁 | 生 | 杀 | 气 | 热 | 清 | 上窍 | 腠理 | 四肢 | 火 | 辛甘发散 | 男 | 左 | 外 |
| — | 地 | 静 | 长 | 藏 | 形 | 寒 | 浊 | 下窍 | 五脏 | 六腑 | 水 | 酸苦涌泄 | 女 | 右 | 内 |

阴与阳之间又存在着阴阳的对立互根，相互消长，相互转化及升降等规律。

### 1. 阴阳对立互根

阴阳的对立互根是指阴与阳的两种属性相反而又互相以对方作为根本，无阴则阳无以化，无阳则阴无以生。例如：动与静相对，而动属阳，静司阴，两者属性是相反的。但是宇宙的运化在运动中需要静止，以积聚能量，为下一个运动做好准备；在静止而后则开始运动，两者互为根本。

**2. 阴阳相互消长**

阴阳的消长是指宇宙运化中相对立的彼此双方你消我长的规律，即是“阴消则阳长，阳消则阴长”。这种规律表现于一年中的气候来讲，夏至一阴生，阴气开始逐渐地发展壮大，阳气相对削减，使气候由热变凉，最后成为冬天的寒冷；冬至一阳生，阳气开始逐渐地发展壮大，阴气相对削减，天气又由冬寒变为春暖。

**3. 阴阳相互转化**

阴阳相互转化是指阴阳两者，在一定的条件下，各自向相反的方面转化，即“阳转化为阴，阴转化为阳”。此即《素问·阴阳应象大论》所说：“重阳必阴，重阴必阳”。正如在一年气候中，寒冷至极以后必定会温暖，酷热以后必定会凉爽，又如黎明前的黑暗一样，是宇宙日月经天形成的必然现象，古人从中总结为阴阳相互转化的规律。

**4. 阴阳相互升降**

《素问·阴阳应象大论》说：“清阳为天，浊阴为地，地气上为云，天气下为雨，雨出地气，云出天气”。此中深寓阴升阳降之义，而全阴阳交合之用。

在《大宝论》中，张景岳强调了阳气在人体的极端重要性，为其温补为主的理论奠定了坚实之基础，他说：“人是小乾坤，得阳则生，失阳则死。阳衰者，即亡阳之渐也，恃强者，即致衰之兆也，可不畏哉！故伏羲作易，首制一爻，此立元阳之祖也。文王衍易，凡六十四卦，皆以阳喻君子，阴喻小人，此明阳气之德也。乾之象曰：大哉乾元，万物资始，乃统天。此言元贯四德，阳为发育之首也。大有之象曰：大有元享，火在天上。此言阳德之享，无所不照也。系辞曰：天地之大德曰生。此切重生生之本也。《内经》曰：凡阴阳之要，阳密乃固，此言阴之所恃者，惟阳为主也。又曰：阳气者若天与日，失其所则折寿而不彰。故天运当以日光明。此言天之运，人之命，元元根本，总在太阳无两也。凡此经训，盖自伏羲、黄帝、文王、歧伯、周公、孔子六大圣人，千古相传，若出一口……由是言之，可见天之大宝，只此一丸红日；人之大宝，只此一息真阳。”（《中国八卦医学》）

## 二、一团元气育人生

人类的本体生命是由什么组成的呢？内部的器官，外边的皮肉形成了他的本体，从另外一个角度再现是气化，是心神。中医把心与大脑结合起来；脑为髓之海，脊柱里的一条管线是人体中重要的通道，祖国医学把它叫督脉。循经时沿这条通道向下循环。相反，在身体前面向上循环的一条是壬脉。一条在后背，一条在前身，就是天阳下降，地气上升。人身体中督脉统领阳经合于脑，脑为髓之海，髓属骨。肾属精。刚开始，宇宙里的一团元气育化了生命，古人把这团元气叫做真元之气，也就是说育化了人体生命的有物质，有形象的内容。这团元气随时间形成了人完整的整体。从祖国医学的角度剖析：心藏神，肾藏精，“精神”二字育化了人的一生，也是这个词汇本源的含义。

人的骨骼就如建房的钢筋一样形成了构架，在此基础上，再加以完善肉、皮、筋、血脉与血液及内在的脏器，便组成了人的形体。形体的有规律运化，形成了生命的灵动，使内里蕴含了精神，即是心藏神，肝藏魂，肺藏魄，脾主意，肾主志，脑为元神之府，而后人的神、魂、魄、意、志则组成了人的精神活动，如下图所示：

形与神统一

| | | | | | | |
|---|---|---|---|---|---|---|
| 形 | 骨骼构架 | 肉 | 血 | 筋 | 脉 | 皮 |
| 脏器 | 五脏 | 心 | 肝 | 脾 | 肺 | 肾 |
| 六腑 | 小肠 | 胆 | 胃 | 大肠 | 膀胱 | 三焦 |

神

| | | | | |
|---|---|---|---|---|
| 神 | 魂 | 魄 | 意 | 志 |
| 心藏神 | 肝藏魂 | 肺藏魄 | 脾主意 | 肾主志 |

## 三、天人合一保健康

在从内外两个方面认识人体的过程中，古人发现了人体当中有推动生命运转的动力，这个动力就是这团元气的循环。元气开始循环有一定的规律和轨迹，这个轨迹有壬督二脉，分阴阳两大部分，一呼一吸脉行六寸，一呼三寸，一吸三寸，在身体内一昼夜一万零三千五百息。

人与宇宙的自然规律是客观存在的。医理也揭示了人和宇宙运转的规律，在理论上古人提出来天人合一论，人和宇宙中的万类万物是同步的。在现实生活里人和宇宙同步，人们逐渐认识了宇宙。在现实生活上古人留下了浩瀚的经典，告诉人们如何保健自我。

“寿而康”，宇宙的运转，体现在自身中运转形成了人的生命，人的一生。怎样把握人的寿命，“天行健，寿而康”，给人们提出强身健体，享尽天年。

## 四、医家的享尽天年

“天行健，寿而康”是中医养生学的核心原则与精深之法。养生学是一门很复杂的学问，国外学者提出哺乳动物的个体寿命为生长期的 5 ~ 7 倍，人体发育期为 25 年，那么，人的自然寿命应为 125 ~ 175 岁。人通过正确的养生方法，达到了自然寿命，无疾而终，则称之为“享尽天年”。这番论述在古老的医经《黄帝内经·素问》中早已形成了系统。

**【《黄帝内经》原文】**……昔在黄帝，生而神灵，弱而能言，幼而徇齐，长而敦敏，成而登天。

**【释文】**古代的轩辕黄帝，生来就很聪明，幼小时就善于言辞，少年时（对事物理解）就很敏捷，长大以后，敦厚淳朴又勤奋努力，到了成年就登上了天子之位。

**【《黄帝内经》原文】**乃问于天师曰：余闻上古之人，春秋皆度百岁，而动作不衰；今时之人，年半百而动作皆衰者，时世异耶？人将失之耶？

**【释文】**黄帝向岐伯问道：我听说上古时代的人，他们年龄都能超过百岁，但动作不显得衰老。现在的人，年龄到了五十岁，动作就显出衰老了。这是由于时代环境的不同呢，还是由于人们不注意养生方法造成的呢？

**【《黄帝内经》原文】**伯对曰："上古之人，其知道者，法于阴阳，（和）（知）于术数，食饮有节，起居有常，不妄作劳，故能形与神俱，而尽终其天年，度百岁乃去。今时之人不然也，以酒为浆，以（妄）为常，醉以入房，以欲竭其精，以耗散其真，不知持满，不时御神，务快其心，逆于生乐，起居无节，故半百而衰也。"

**【释文】**岐伯回答说："上古时代的人，他们大都懂得养生的道理，效法天地变化的规律，知道调养精气的方法，饮食有一定节制，起居有一定规律，不过分操劳，所以形体和精神能够相互协调一致，能活到最终的自然寿命，度过百岁才离开人世。现在的人就不这样了，把酒当作水浆那样贪饮无底，习惯于好逸恶劳，酒醉后还肆行房事，纵情色欲，以致精气竭尽，真气耗散。不知道保持精气的充沛，不明白节省精神的道理，只追求一时之快，违背了养生的真正乐趣，起居没有一定的规律，所以五十岁左右便衰老了。"

**【《黄帝内经》原文】**夫上古圣人之教，下皆为之，虚邪贼风，避之有时，恬淡虚无，真气从之，精神内守，病安从来。是以志闲而少欲，心安而不惧，形劳而不倦，气从以顺，各从其欲，皆得所愿。故美其食，任其服，乐其俗，高下不相慕，其民故（曰）朴。是以嗜欲不能劳其目，淫邪不能惑其心，愚智贤不肖不惧于物，故合于道，所以能年皆度百岁而动作不衰者，以其德全不危（故）也。

**【释文】**在上古时代，对深明养生之道、有高尚品德之人的教诲，人们都能够遵从。对于四时不正之气，能够适时回避，同时思想上清静安闲，无欲无求，真气深藏，精神守持于内而不耗散，这样，疾病从哪里来呢？所以他们心志安闲，欲望很少，心境安定，没有恐惧。虽然经常劳动，但不致过分疲劳，真气从容而顺调，每个人对自己的希望和要求，都能达到满意，吃什么都觉得甘美，穿什么都觉得舒服，对于世上习俗也感到安乐，互相之间不羡慕地位的高低，人们都自然朴实。所以不正当的嗜好，不会干扰他的视听，淫乱邪说也不会惑乱他的心志。无论愚笨的、聪明的、有才能的，还是能力差的，不寻求酒色等身外之物，这就合于养生之道。所以他们都能够度过百岁而动作还不显得衰老，这都是因为他们的养生之道完备而无偏颇的缘故啊。

**【《黄帝内经》原文】**帝曰：有其年已老而有子者何也？岐伯曰：此其天寿过度，气脉常通，而肾气有余也。此虽有子，男不过尽八八，女不过尽七七，而天地之精气皆竭矣。

**【释文】**黄帝问道：有人年纪已老，还能再生子女，这是什么道理？岐伯说：这是因为他的先天禀赋超过了一般的人，气血经脉经常畅通。这种人虽然能够生育，但在一般情况下，男子不超过六十四岁，女子不超过四十九岁，到这个岁数男女的精气都竭尽了。

**【《黄帝内经》原文】**帝曰：夫道者年皆百数，能有子乎？岐伯曰：夫道者能却老而全形，身年虽寿，能生子也。

**【释文】**黄帝问：善于养生的人，年纪达到百岁，能不能有生育能力呢？岐伯说：善于养生的人，能够推迟衰老，没有齿落、面焦、发白、身重、行步不正等现象，所以即便年寿很高，仍然有生育能力。

**【《黄帝内经》原文】**黄帝曰：余闻上古有真人者，提挈天地，把握阴阳，呼吸精气，独立守神，肌肉若一，故能寿敝天地，无有终时，此其道生。

**【释文】**黄帝说：我听说上古时代有一种人叫做真人，他能把握住自然的变化，掌握阴阳消长的规律，吐故纳新以养精气，超然独立，精神内守，使他的身体，好像和精神结合为一，所以寿命就与天地相当，没有终了的时候，这就是“与道俱生”的说法。

**【《黄帝内经》原文】**中古之时，有至人者，淳德全道，和于阴阳，调于四时，去世离俗，积精全神，游行天地之间，视听八达之处，此盖其寿命而强者也，亦归于真人。

**【释文】**中古时代有一种人叫至人，他有淳朴的道德，完备的养生方法，能够符合于阴阳的变化，适应四时气候的递迁，避开世俗的纷杂，聚精会神，悠游于天地之间，所见所闻，能够广及八方荒远之外，这就是他延长寿命而使身体强健的方法。这种人也属于真人之类。

**【《黄帝内经》原文】**其次有圣人者，处天地之和，从八风之理，适嗜欲，于世俗之间，无恚嗔之心，行不欲离于世，被服章，举不欲观于俗，外不劳形于事，内无思想之患，以恬愉为务，以自得为功，形体不敝，精神不散，亦可以百数。

**【释文】**其次有叫做圣人的，能够安处于天地的平和之中，顺从着八风的变化规律，使自己的爱好适于一般习惯。在处世当中，从来不发怒生气，行为并不脱离社会，但一切举动又不仿效俗习。在外的形体不使它被事务所劳，在内的思想不使它有过重负担，以无所爱憎为本务，以悠然自得为目的，所以他的形体毫不衰老，精神也不耗散，年寿就可以达到一百多岁。

**【《黄帝内经》原文】**其次有贤人者，法则天地，象似日月，辩列星辰，逆从阴阳，分别四时，将从上古合同于道，亦可使益寿而有极时。

**【释文】**其次叫做贤人的，能效法天地的变化，取象日月的升降，分列星辰的位置，顺从阴阳的消长，根据四时气候的变迁来调养身体。他是要追随着上古真人，以求符合于养生之道。这样，也可以延长寿命到最近自然寿命的时候。

**【讲解】**上古天真论篇为《黄帝内经·素问》之首，基于“上工治未病”之理，是说真正高深的医学是研究如何才能使人“享尽天年”，达到自己自然寿命之极限。因为治病只是救补时弊于一时，对于保护人体健康来讲已是处于被动的地位。而作为维护人体健康长寿，使人生活得更加幸福而言，人应该更加积极主动去努力，通过正确的养生方法使人“寿而康”，在健康的基础上，进一步使人长寿，返璞归真，而享尽天年。

上古圣人在养生学上的成就也是从宇宙和自然中得到启发，由天垂之象而感悟，从而“法于阴阳，和于术数，食饮有节，起居有常，不妄作劳”及“虚邪贼风，避之有时，恬淡虚无，真气从之，精神内守，病安从来”，与“天行健”的道理相吻合，返璞归真，还原太虚而达养生之臻境。

古人将养生之境界分为四种层次：真人、至人、圣人和贤人。能够提挈天地，与自然完全统一，把握阴阳，神会人与自然之属性，在养生上达到妙境者为真人；能够修德而返道，积极努力地使自己与大自然完全统一，深谙人与自然之属性，在养生上进入臻境为至人；能够顺应自然之规律而养生者为圣人；能够效法大自然的运化，如日月经天一样有序，顺从阴阳升降的变化而养生者为贤人。这四种层次，均属养生之大成，系后人养生之楷模。

## 五、起居有时 顺应自然

**【《黄帝内经》原文】**春三月，此谓发陈，天地俱生，万物以荣，夜卧早起，广步于庭，被发缓形，以使志生，生而勿杀，予而勿夺，赏而勿罚，此春气之应，养生之道也。逆之则伤肝，夏为寒变，奉长者少。

**【释文】**春季的三个月，是万物复苏的季节，大自然生机发动，草木欣欣向荣。为适应这种环境，人们应当夜卧早起，在庭院里散步，披开束发，舒缓形体，以便使神志随着生发之气而舒畅。顺应生发之气的神志活动，才与春阳之气相适应，这就是春天的养生方法，违背了这个方法，就会伤肝。到了夏天，就要发生寒变疾病，这是由于春天生养的基础差，供给夏天生长的条件也就差了。

**【《黄帝内经》原文】**夏三月，此谓蕃秀。天地气交，万物华实。夜卧早起，无厌于日，使志无怒，使华英成秀，使气得泄，若所爱在外，此夏气之应，养长之道也。逆之则伤心，秋为痎疟，奉收者少（冬至重病）。

**【释文】**夏季的三个月，是草木繁茂秀美的季节。大自然中阴阳之气上下交通结合，各种草木开花结果。为适应这种环境，人们应该夜卧早起，不要厌恶白天太长，要使心中没有郁怒，容色显得秀美，并使腠理宣通，夏气疏泄，精神饱满地与外界相适应，这就是适应夏天“长养”的道理。如果违反了这个道理，会损伤心气，到了秋天就会患疟疾。这是因为夏天长养的基础差，供给秋天收敛的能力也就差了。

**【《黄帝内经》原文】**秋三月，此谓容平。天气以急，地气以明。早卧早起，与鸡俱兴，使志安宁，以缓秋形，收敛神气，使秋气平，无外其志，使肺气清，此秋气之应，养收之道也。逆之则伤肺，冬为飧泄，奉藏者少。

**【释文】**秋季三个月，是草木自然成熟的季节。天气劲急，地气清明。在这个季节，人们应当早卧早起，和鸡活动时间相仿，使意志保持安定，从而舒缓形体。但是，怎样使意志保持安定呢？主要是精神内守，不急不躁，使秋天肃杀之气得以平和，不使意志外驰，使肺气得到匀整。这就是适应秋天收养的道理。如果违背了这个方法，会损伤肺气。到了冬天就要生飧泄病，这是因为秋天收养的基础差，供给冬天潜藏之气的能力也就差了。

**【《黄帝内经》原文】**冬三月，此谓闭藏。水冰地坼，无扰乎阳。早卧晚起，必待日光，使志若伏若匿，若有私意，若已有得，去寒就温，无泄皮肤，使气亟夺，此冬气之应，养藏之道也。逆之则伤肾，春为痿厥，奉生者少。

**【释文】**冬季的三个月，是万物生机潜伏闭藏的季节。寒凉的天气，使水结冰，地冻裂。这时不要扰动阳气，应该早睡晚起，一定等到太阳显露时再起床。使意志如伏似藏，好像心里很充实，又好像已经得到满足。还必须避开寒凉，接近温暖，不要让皮肤开泄出汗，使阳气藏而不泄。这就是适应冬天藏伏的道理。如果违反了这个道理，会损伤肾气，到了春天，就要得痿厥病了。这是为什么呢？这是因为冬天闭藏的基础差，供给春季生养的能力也就差了。

**【讲解】**四气调神，是指人于四季中应该如何去养生。自然有规律的运化，形成了春生、夏长、秋收、冬藏的特点。所以人在养生的时候，要与大自然相合，“法则天地，分别四时”，于春季养生中顺应其生发之气，于夏季养生中顺应其长养之理，于秋季时顺应其养收之道，于冬季时顺应其养藏之理。所以圣人教人养生要起居有时，顺应大自然的变化，春夏养阴以生发而养长，秋冬养阴以收敛而固藏。

## 六、生气通天论篇第三

**【《黄帝内经》原文】**黄帝曰：夫自古通天者生之本，本于阴阳。天地之间，六合之内，其气九州（九窍）、五藏、十二节，皆通乎天气。其生五，其气三，数犯此者，则邪气伤人，此寿命之本也。

**【释文】**黄帝说：自古以来认为人的生命活动与自然界的变化是息息相通的，这是生命的根本。再进一步说，生命的根本在于阴阳。在天地之间，四时之内，无论是人的九窍、五脏，还是十二节，都是和自然之气相通的。阴阳化生五行之气，阴阳与天地人相关。如果经常违反阴阳变化规律，那么邪气就会伤害人体，因此说阴阳是寿命的根本。

**【《黄帝内经》原文】**苍天之气，清净则志意治，顺之则阳气固，虽有贼邪，弗能害也（此因时之序）。故圣人传精神，服天气而通神明，失之则内闭九窍，外壅肌肉，卫气散解，此谓自伤，气之削也。

**【释文】**由于人的生气与天相通，所以苍天之气清净，人的意志就平和。顺应了这个道理，能使人体阳气固密，即使有贼风邪气，也不能侵害人体。所以善于养生的人，能够专一精神，运行阳气，而通阴阳的变化。如果不是这样，就会内使九窍不通，外使肌肉壅塞，阳气耗散，这就叫做自己造成的伤害，而使阳气受到削弱。

**【《黄帝内经》原文】**阳气者若天与日，失其所，则折寿而不彰，故天运当以日光明，是故阳因而上，卫外者也。

**【释文】**人体有阳气，像天上有太阳一样。太阳不能正常运行，万物就不能生存；人体的阳气不能正常运行，就会缩短寿命而不能生长壮大。所以说天的运行不息，是借太阳的光明，人体的健康无病，是赖轻清上浮的阳气保卫。

**【讲解】**“生气通天”，生气系指人的生命活动。天是指大自然，“生气通天”系指人的生命活动要与大自然的运化相统一，同时也是指人身中的元气与宇宙里的太和之气相通。宇宙中的元气在运化的过程中，天阳下降，地气升腾，阴升阳降，阴阳交感而孕化了人的生命。人由一团元气判化，恰如自然界一样，清阳上升，浊阴下降，形成了特有的通道，即为壬脉与督脉。壬脉与督脉继续分化，一生二，二生三，分化成十二正经。人体以经络为通道，穴位为窗口与宇宙的太和之气相通，似是水流，经井、荥、输、经、合，像泉水从井出来，流出去，经气愈来愈壮大，最后汇合到五脏六腑的大海里，使人的元气与宇宙的太和之气紧密地联系在一起。

**【《黄帝内经》原文】**凡阴阳之要，阳密乃固，两者不和，若春无秋，若冬无夏，因而和之，是谓圣度。故阳强不能密，阴气乃绝，阴平阳秘，精神乃治，阴阳离决，精气乃绝。

**【释文】** 大凡阴阳的主要关键，在于阳气固密于外，阴气才能固守于内。如果阴阳偏胜，失去平衡协调，那就好像一年之中，只有春天而没有秋天，只有冬天而没有夏天一样。因此，使阴阳调和是最好的养生方法。如果阳气过于亢盛，不能固密，那阴气就要亏耗而衰竭；阴气和平，阳气固密，精神就会旺盛；如果阴阳分离而不相交，那精气也就随之而竭尽了。古人在观察与体悟人与自然的属性中，认识到了万物生长靠太阳之理，提出了阳气对生命的至关重要的论点，认识到阳气卫外固密的功能是维持人体阴阳平和，“阴平阳秘”的关键。

**【讲解】** 天行健：人来自于宇宙，有着与宇宙一样的共同属性。宇宙天体的运转，无不震动着人的生命。宇宙有宇宙的运转规律，人作为小宇宙，也有小宇宙的运转规律，二者的联系对于我们生命的意义是深刻的。

《周易》是古人描述宇宙万物生“化”规律与过程。并且用卦象 64 种，及其组成共 384 爻来表示。人追求如何长生，自然深入探求永恒的宇宙运转之理。“易”解为简易、变易、不易。《周易》曰：“天行健，君子以自强不息。”说的是天是宇宙当中最大的阳，并以乾卦来定天的性质，或者说天取象于乾，乾为天。就天对万物来说，有天地然后有万物，对卦象来说先是乾卦，然后产生其他诸卦。分析乾卦，即可知道，从初九潜龙勿用到九五飞龙在天，乾卦之六爻用龙来喻示，可以像潜龙一样积聚力量而不发，可以像飞龙在天一样升腾奔发而势不可挡。乾卦之六爻变化，是因时而成，随时而顺，时当潜则潜，当飞则飞，各得其所，合乎规律。故孔子赞乾之伟大曰：“大哉乾乎，刚健中正，纯粹精也”。

在《修真图》中，将乾卦喻人的纯阳之气，说人通过修持而达纯阳之体，恢复先天状态。人身中的先天元气又称为人的先天祖气，为人的生命内在动力，周流不息，使人达到理想的健康状态。“天行健”，为宇宙当中有生生不息的力量，推动着宇宙万物生生化化，按其不可更改的规律运动。顺四时而交替，如昼夜更迭，无有休歇，既不快也不慢，故云“天行健”。人为万物之灵，天体的运动无不震动着人的生命，故圣人提出道法自然，人的内在生命轨迹，当效法“天行健”之轨道，感应宇宙力量后方能健全自我，达到自强而不息，刚健而中正。在宗风脉持当中，炼气修脉而形成元气在体内的循经，内功丹法中又称“太乙循经”，是自我修为合于宇宙日月经天，而达天行健之典范。

人不违背自然规律，天人合一论，逐渐重新被人们所理解。

**【《黄帝内经》原文】**岐伯曰：女子七岁，肾气盛，齿更发长。二七而天癸至，壬脉通，太冲脉盛，月事以时下，故有子。三七，肾气平均，故真牙生而长极。四七，筋骨坚，发长极，身体盛壮。五七，阳明脉衰，面始焦，发始堕。六七，三阳脉衰于上，面皆焦，发始白。七七，任脉虚，太冲脉衰少，天癸竭，地道不通，故形坏而无子也。

**【释文】**岐伯回答说：（按一般生理过程来讲）女子到了七岁，肾气就充盛，牙齿更换，毛发生长。到了十四岁时，天癸发育成熟，壬脉通畅，冲脉旺盛，月经按时而行，所以能够生育。到了二十一岁，肾气平和，智齿生长，身高也长到最高点。到了二十八岁，筋骨坚强，毛发长到了极点，身体非常强壮。到了三十五岁，阳明经脉衰微，面部开始枯槁，头发变白。到了四十九岁，壬脉空虚，冲脉衰微，天癸枯竭，月经断绝，所以形体衰老，不能再生育了。

**【《黄帝内经》原文】**丈夫八岁，肾气实，发长齿更。二八，肾气盛，天癸至，精气溢（泻），阴阳和，故能有子。三八，肾气平均，筋骨劲强，故真牙生而长极。四八，筋骨隆盛，肌肉满壮。五八，肾气衰，发堕齿槁。六八，阳气衰竭于上，面焦，发鬓斑白。七八，肝气衰，筋不能动，八八天癸竭，精少，肾脏衰，则齿发去（形体皆极）。肾（者）主水，受五脏六腑之精而藏之，故（五脏）脏腑盛，乃能演。今五脏皆衰，筋骨解堕，天癸尽矣。故发鬓白，身体重，行步不正，而无子耳。

**【释文】**男子八岁时，肾气盛，头发长长，牙齿更换。到了十六岁时，天癸发育成熟，精气充沛，男女交合，所以有子。到了二十四岁，肾气平合，筋骨坚强，智齿生长，身高也长得够高了。到了三十二岁，筋骨粗壮，肌肉充实。到了四十岁肾气衰退下来，头发初脱，牙齿干枯。到了四十八岁，人体上部阳明经气衰竭了，面色憔悴，发鬓变白。到了五十六岁，肝气衰，筋脉迟滞，因而导致手足运动不灵活了。到了六十四岁，天癸枯竭，精气少，肾脏衰，齿发脱落，为病所苦。人身的肾脏主水，它接受五脏六腑的精华以后贮存在里面。所以脏腑旺盛，肾脏才有精气排泄。现在年岁大了，五脏皆衰，筋骨无力，天癸竭尽，所以头发斑白，身体沉重，行步不正，不能再生育子女了。

**【讲解】**从《素问·上古天真论》的分类中，可归纳为以下七七八八配属人生表。

表　七七八八配属人生表

女子

| 年龄 | 七岁 | 二七 | 三七 | 四七 | 五七 | 六七 | 七七 |
|---|---|---|---|---|---|---|---|
| 生理特点 | 肾气盛，齿更发长 | 天癸至，任脉通，太冲脉盛，月事以时下 | 肾气平均，故真牙生而长极 | 筋骨坚，发长极，身体盛壮 | 阳明脉衰，面始焦，发始堕 | 三阳脉衰于上，面始焦，发始白 | 壬脉虚，太冲脉衰少，天癸竭，地道不通 |
| 生命表现 | | 有子 | | | | | 形坏无子 |

男子

| 年龄 | 八岁 | 二八 | 三八 | 四八 | 五八 | 六八 | 七八 | 八八 |
|---|---|---|---|---|---|---|---|---|
| 生理特点 | 肾气实，发长齿更 | 肾气盛，天癸至，精气溢泻，阴阳和 | 肾气平均，筋骨坚强，真牙生而长极 | 筋骨隆盛，肌肉满壮 | 肾气衰，发堕齿槁 | 阳气衰竭于上，面焦，发鬓斑白 | 肝气衰，筋不能动。天癸竭，精少，肾脏衰 | 齿发去，五脏皆衰，筋骨解堕，天癸尽，发鬓白，身体重，行步不正 |
| 生命表现 | | 有子 | | | | | | 无子 |

另外的一种分类方法是《灵枢·天年》篇的分类，是以十岁为一个生命阶段，同样说明了元气的推动作用。

表 《灵枢》百岁天年配属人生表

| 年龄 | 十岁 | 二十 | 三十 | 四十 | 五十 | 六十 | 七十 | 八十 | 九十 | 百岁 |
|---|---|---|---|---|---|---|---|---|---|---|
| 生理特点 | 五脏始定，血气已通，其气在下 | 血气始盛，肌肉方长 | 五脏大定，肌肉坚固，血脉盛满 | 五脏六腑，十二经脉，皆大盛平定，腠理始疏，荣华颓落，发颇斑白，平盛不摇 | 肝气始弱，肝叶始薄，胆汁始减 | 心气始衰，若忧悲，血气懈惰 | 脾气虚 | 肺气衰，魄离 | 肾气焦，四脏经脉空虚 | 五脏皆虚，神气皆去 |
| 生命表现 | 好走 | 好趋 | 好步 | 好坐 | 目始不明 | 好卧 | 皮肤枯 | 言善误 | | 形骸独居而终 |

而对于元气增减进行定量描述的则是十二辟卦配属人生图表。

表 十二辟卦配属人生图表

| 年龄 | 生~一岁 | 一岁~二岁三个月 | 二岁三个月~五岁四个月 | 五岁四个月~八岁 | 八岁~十三岁四个月 | 十三岁四个月~十六岁 | 十六岁~二十四岁 | 二十四岁~三十二岁 | 三十二岁~四十六岁 | 四十六岁~五十六岁 | 五十六岁~六十四岁 | 六十四岁~百岁 |
|---|---|---|---|---|---|---|---|---|---|---|---|---|
| 十二辟卦 | 坤卦 | 复卦 | 临卦 | 泰卦 | 大壮卦 | 夬卦 | 乾卦 | 姤卦 | 遁卦 | 否卦 | 观卦 | 剥卦 |
| 元气多少 | 加六十四铢元气 | 加六十四铢元气 | 加六十四铢元气 | 加六十四铢元气 | 加六十四铢元气 | 加六十四铢元气 | 减六十四铢元气 | 减六十四铢元气 | 减六十四铢元气 | 减六十四铢元气 | 减六十四铢元气 | 减六十四铢元气 |

十二辟卦又称为十二消息卦，阳长为消，阴长为息，反映了阴阳消长的变化过程。以此来配属人的生命过程，体现了生命由生到壮，由壮到衰，由衰到死的客观规律。为了表达得更加明确，古人用铢来表示元气的多少，生长则加，衰老则减。而人之生时就含有父母之祖气二十四铢，累计到十六岁乾卦之时，为三百八十四铢，为一斤之数，之后则岁减八铢，卦减六十四铢，减至为零，人则终矣。从卦而言，人生从全阴之坤卦开始，这时为没有生命。有了生命，也就有了阳气，在卦则是复卦，后经临卦，到阴阳各半的泰卦，至此则意味着生命力的旺盛。后经大壮卦、夬卦，而达六阳含阴的乾卦，至此呈现出生命力的极盛。之后，阳气渐衰，阴气渐盛，进入姤卦、遁卦、否卦。否卦亦是阴阳各半，但阳气在上，阴气在下，阴阳闭塞而不通，到此则意味着生命力的衰弱。后经观卦、剥卦，说明阳气微小，行将湮灭，表示人的生命即将完结而进入无命无阳之坤卦，至此人生一世结束(《中国八卦医学》)。

## 七、药膳与养生

【《黄帝内经》原文】食气入胃，散精于肝，淫气于筋。食气入胃，浊气归心，淫精于脉，脉气流经，经气归于肺，肺朝百脉，输精于皮毛，(毛）脉合精，行气于腑。腑精神明，留于四脏，气归于权衡，权衡以平，气口成寸，以决死生。

**【释文】**食物进入胃里，经过消化，一部分精微输散到肝脏，濡润着周身的筋络；另一部分谷气注入到胃，化生精微之气，注入于心，再浸淫到血脉里去。脉气流行在经络里，而上归于肺，肺在会合百脉以后，就把精气输送到皮毛。脉与精气相合，流注到六腑里去，六腑的津液，又流注于心、肝、脾、肾。但精气的敷布，还是要归于肺，而肺脏的情况，是从气口的脉象上表现出来的，疾病是否可治，就是根据这个判断的。

**【《黄帝内经》原文】**饮入于胃，游溢精气，上输于脾。脾气散精，上归于肺，通调水道，下输膀胱。水精四布，五经并行，合于四时五脏阴阳揆度，以为常也。

**【释文】**水进入胃里，放散精气，上行输送到脾脏；脾脏散布精华，又向上输送到肺；肺气通调水道，又下行输入到膀胱。这样，气化水行，散布于周身皮毛，流行在五脏经脉里，符合于四时五脏阴阳动静的变化，就是经脉的正常现象。

**【讲解】**上两段论述了饮食是如何通过三焦气化而温养人的肢骸和精神，使先天的元气得到滋养的过程。三焦是元气之别使，是元气运行于周身的通道，气化是水谷的化生、变化，有气方有化。《素问·天元纪大论》曰："物生，谓之化"，"物极，谓之变""阴阳不测，谓之神"。《素问·六微旨大论》曰："何谓气交？……上下之位，气交之中，人之居也。""升降出入，无器不有。""故无不出入，无不升降。"《素问·刺禁论》："肝生于左，肺藏于右，心部于表，肾治于里，脾为之使，胃为之市。"即肝气行于左，肺气行于右，心气行于表，肾气行于里，是中医脏气升降的缩影。

肾水属坎水（肾阴），内蕴坎阳（肾阳），在肾间动气（命火）的发动下，坎中一阳温升。其中肾阳暖土煦木，肾阴涵养肝木之升发。在中土枢轴的转动下，肝脾温升，肺胃凉降。心火属火（内含心阴），心阴下荫，戊土得润，胃土和降。心阳下煦，肺金不凉。始能顺降。如此，在肾阳命火的发动下。中土枢轴转动，肝脾温升而心肺凉降。共同完成脏腑的升降功能，从而完成人体的气血升降运动（《周易与中医学》）。

古人认识到了人需要水谷滋养先天元气之过程，同时也深入地探讨如何去组建合理的饮食结构，如《素问·脏气法时论》说："毒药攻邪，五谷为养，五果为助，五畜为益，五菜为充，气味合而服之，以补精益气。"极力主张药、谷、果、畜、菜配合以治病养生。中国的药膳学是在药食的理论基础上辅以佐料而成的学问，具药疗、营养、美味于一体，别具风格，对人类的保健作出了贡献。

## 八、日月经天循丹体

日月经天形成了四季，形成了春夏秋冬，农民所说春种、夏长、秋收、冬藏，人体有气化有循经气血。人与宇宙的同步——人天合一，在医学理论起了不可磨灭的作用。

人的经络如何与日月经天相共振呢？宇宙天体按照其固有轨道运行，有公转与自转。人的元气循经，也有纵为经，横为络，如环无端的循环。老子提出道法自然，人的气血循经如何与宇宙日月经天相共振，如何合于天行健的轨道，在宗风脉传当中把握着这种合于人天的途径。"大气流我”，是实现了通过修持人的真元之气达到气化循经。宇宙的生成由远古一团元气，一片虚无的物象，“太虚呈象”经过震动而进入“太素生形”，从而有一气分阴阳，阴阳交感而产生了万物。日月成为宇宙的阴阳，地上的阴阳为水火。人的阴阳为壬督二脉。宗风的修习，是首先让人在后天当中启动先天的本能，放下尘念，神光寂然观照自我，思想意识上回到先天阴阳未判太虚境界。继而有诸种炼气修脉的专修，实现元气的公转与自转。在内功丹法术语中称为“太乙循经”。太乙是宇宙中最大与最小的阴阳流变，意指人体里诸多的气血循环，以达到阴阳交注，使生命臻于完善。

人生命的内律与时间有关，《医宗金鉴》言：“每日寅时起肺经，卯时流入大肠中。”在每日寅时，宇宙当中金气最盛，人体当中气脉流注入手太阴肺经，继之卯时至足阳明大肠经。宗风脉持以夺天地之造化，用武当内功小炼形，金锋抖肘一式，实现金气的运转。金锋抖肘谱曰：

“天心地轴隐金风，道妙循环十二经，
上通太阴起大指，滚转小臂裹金风，
金气长彻太乙道，真元久固紫微宫。”

小炼形练习，首先启动肺经。中医认为肺属金，肺主平衡，肺在五脏最上面，肺为五脏之华盖。双手前穿后抖，双掌上下阴阳转换，完成了手三阴手三阳的气脉运转。气机的深化使金气的交注与手太阴肺经相表里的足太阴脾经的足大趾端形成金气周天打下基础。寅时操炼，对气脉调整，如顺水行舟。又如宗风中的先天太极拳，每一式的固定路线在举手投足间实现对气脉的调整。

修真十四论中也有“周天大道常如轨”，“十二正经规如常”之学术论述，意为将气血循经修持与宇宙日月经天的同步调整的如手表一样精确。就是这样，先贤法祖用脉传的文化描绘的正是人类如何走向更加完美，更加伟大的路。

在实际生活当中，知道了四季的变化与人体的联系，例如春天木旺火相，木在身体当中代表肝，经典当中说：诸痛责于肝，任何痛尽来于肝脏，心属火，肝属木，紧密相关，人身脏源的循环（脏液），肝生血，行之于心，心脏跳动里边的血来源于肝，这些过程，是五脏生态影响人身体状况的表现，如果掌握了就利于身体的健康长寿。

## 九、藏象五行理论

《黄帝内经》藏象学说，包括天象、物象及藏象。尤其把天象、物象及藏象合而为一，是对藏象学说的重要发展。如《素问·六节藏象论》曰：“心者，生之本，神之变也，其华在面，其充在血脉，为阳中之太阳，通于夏气”，“各以气命其藏”，即言人体藏象与四时气候是相应的。如夏火合心，春木合肝，长夏合脾土，秋金合肺，冬水合肾是也。又《素问·阴阳应象大论》曰：“东方生风，风生木，木生酸，酸生肝，肝生筋，筋生心，肝主目。其在天为玄，在人为道，在地为化，化生五味。道生智，玄生神，神在天为风，在地为木，在体为筋，在藏为肝，在色为苍，在音为角，在声为呼，在变动为握，在窍为目，在味为酸，在志为怒。怒伤肝，悲胜怒；风伤筋，燥胜风；酸伤筋，辛胜酸。”皆说明《内经》藏象学说把天象、地象、人象做了三合一。并将阴阳五行贯穿于其中，是人与天地相应的整体观的精华。为中医内外相应，以外揣内的诊断特色奠定了理论基础。

中医藏象学说，不仅重视象形，而且重视象神，并将形、神合为一体。如《素问·宣明五气篇》曰：“五藏所藏，心藏神，肺藏魄，脾藏意，肾藏志”，即言五神藏于五藏的神藏合一观点。

此外，中医藏象学说在易理的启迪下发展了《周易》的法象。如《素问·五脏生成篇》曰：“五藏之象，可以类推。”《灵枢·外揣》曰：“以外揣内”，说明了中医藏象学说是黑箱理论的典型。

**【《黄帝内经》原文】**黄帝问曰：愿闻十二脏之相使，贵贱何如？岐伯对曰：悉乎哉问也，请遂言之。心者，君主之官也，神明出焉。肺者，相傅之官，治节出焉。肝者，将军之官，谋虑出焉。胆者，中正之官，决断出焉。膻中者，臣使之官，喜乐出焉。脾胃者，仓廪之官，五味出焉。大肠者，传道之官，变化出焉。小肠者，受盛之官，化物出焉。肾者，作强之官，伎巧出焉。三焦者，决渎之官，水道出焉。膀胱者，州都之官，津液藏焉，气化则能出矣。凡此十二官者，不得相失也。故主明则下安，以此养生则寿，殁世不殆，以为天下则大昌。主不明则十二官危，使道闭塞而不通，形乃大伤，以此养生则殃，以为天下者，其宗大危，戒之戒之!

**【释文】**黄帝说：我希望听你讲一下十二脏器在人体内

的相互作用，有无主从的区别？岐伯答说：你问得真详细啊，我尽量说一下吧。在人体内，心的重要性就好比君主，人们的聪明智慧都是从心生出来的。肺好像是宰相，主一身之气，人体内外上下的活动，都需要它来调节。肝譬如将军，谋虑是从它那儿来的。胆是清虚的脏器，具有决断的能力。膻中像个内臣，君主的喜乐，都由它透露。脾胃受纳水谷，好像仓库，五味化作人体的营养，是由它那儿产生的。大肠主管输送，食物的消化、吸收、排泄过程是在它那儿最后完成的。小肠的功能，是接受脾胃已消化的食物后，进一步起到分化作用。肾是精力的源泉，能产生出智慧和技巧来。三焦主疏通水液，周身行水的道路，是由它管理。膀胱是水液聚会的地方，经过气化作用，才能把尿排出体外。以上十二脏器的作用，不能失去协调。当然，君是最主要的。君如果得力，下边就能相安。这是根本的道理。如果依据这个道理来养生，就能长寿，终生不致有严重的疾病。如果根据这个道理来治天下，国家就会非常昌盛。反之，如果君不得力，那么十二官就成问题了。而各个脏器的活动一旦失去联系。形体就会受到伤害。对于养生来说，这样是很不好的。对于治国来说，这样做，国家就有败亡的危险。

**【讲解】**脏即深藏于人体之中的脏腑器官，象即内脏器官功能在人体外部的表现，所谓脏象，亦即通过人体的外部表现来推导出人体内部的运动规律。《素问·阴阳应象大论》说："上古圣人，论理人形，列别脏腑，端络经脉，会通六合，各从其经，气穴所发，各有处名，溪谷属骨，皆有所起，分部逆从，各有条理，四时阴阳，尽有经纪，外内之应，皆有表里。”这就是说人体的脏腑功能会通六合，生气通天，与四时阴阳变化相关相应。我们通常所采用的方法，是《灵枢·本脏》所说的：“视其外应，以知其内脏。”也是现代控制论所指的黑箱理论及功能模拟方法。

脏是指人体的五脏六腑以及奇恒之府等内脏器官。五脏，包括肝、心（心包络）、脾、肺、肾五个器官。六腑，包括胆、胃、小肠、大肠、膀胱、三焦六个器官。奇恒之府包括胆、脑、髓、骨、脉、女子胞六个器官。

五脏的特点是藏而不泻。《素问·五脏别论》说：“所谓五脏者，藏精气而不泻也，故满而不能实。”《灵枢·本藏》又说：“五脏者，所以藏精、神、血、气、魂、魄者也。”五脏的功能是贮藏精气的。脏者，藏也。

六腑的特点是传而不藏。《素问·五脏别论》说：“六腑者，传化物而不藏，故实而不能满也。”六腑的功能是出纳转输，传化水谷，排泄糟粕。腑者，府也。

奇恒之府的特点是两者兼有。《素问·五脏别论》说：“脑、髓、骨、脉、胆、女子胞、此六者地气之所生也，皆藏于阴而象于地，故藏而不泻，名曰奇恒之府。”奇为不同，恒是正常，其意即不同于正常的六府。因为奇恒之府属阴，又藏而不泻，有脏的特点。但奇恒之府其名为腑，又有腑的称谓。

八卦配属脏腑，即可以卦理来分析说明自然界与人体脏腑之间的生理和病理相关关系。脏与脏之间，脏与腑之间，脏腑与肢节之间，构成了非常复杂的相关制约关系，而这些关系无不是以五脏为中心。

《素问·六节脏象论》说：

“心者，生之本，神之变也，其华在面，其充在血脉，为阳中之太阳，通于夏气。

肺者，气之本，魄之处也。其华在毛，其充在皮，为阳中之太阴，通于秋气。

肾者，主蛰，封藏之本，精之处也。其华在发，其充在骨，为阴中之少阴，通于冬气。

肝者，罢极之本，魂之居也。其华在爪，其充在筋，以生血气，其味酸，其色苍，此为阴中之少阳，通于春气。

脾、胃、大肠、小肠、三焦、膀胱者，仓禀之本，营之居也。名曰器，能化糟粕，传味而入出者也。其华在唇四白，其充在肌，其味甘，其色黄，此至阴之类，通于土气。

凡十一脏，取决于胆也。”

这是以四象来配属五脏四季五行（《中国八卦医学》）。

五行就是木、火、土、金、水。中国古代认为，木火土金水是构成宇宙万物的一种基础物质，并由太极阴阳变化而来。张景岳说：“其实元初，只一太极，一分为二，二分为四。天得一个四，地得一个四，又各有一个太极行乎其中，便是两个五行而已。”后来，便根据河图的天地生成数，安排为“一曰水、二曰火、三曰木、四曰金、五曰土”的次序，并总结出“水曰润下，火曰炎上，木曰曲直，金曰从革，土爰稼穑”的功能特性。中医从五者的不同特性，作为事物的归类方法来推演事物间相关联系及其变化的论理式具，而解释人体脏腑的生理病理现象。五行学说，像阴阳学说一样，作为中医学的基础理论发挥着极为重要的作用。

| | 木 | 火 | 土 | 金 | 水 |
|---|---|---|---|---|---|
| 天 | 风 | 热 | 湿 | 燥 | 寒 |
| 地 | 木 | 火 | 土 | 金 | 水 |
| 体 | 筋 | 脉 | 肉 | 皮毛 | 骨 |
| 脏 | 肝 | 心 | 脾 | 肺 | 肾 |
| 色 | 苍 | 赤 | 黄 | 白 | 黑 |
| 音 | 角 | 徵 | 宫 | 商 | 羽 |
| 声 | 呼 | 笑 | 歌 | 哭 | 呻 |
| 变动 | 握 | 忧 | 哕 | 咳 | 栗 |
| 窍 | 目 | 舌 | 口 | 鼻 | 耳 |
| 味 | 酸 | 苦 | 甘 | 辛 | 咸 |
| 志 | 怒 | 喜 | 思 | 悲 | 恐 |
| 方位 | 东 | 南 | 中央 | 西 | 北 |
| 季节 | 春 | 夏 | 长夏 | 秋 | 冬 |

# 附　录

## 附录一：太极拳的经典理论

### 太极拳论

张三丰

一举动，周身俱要轻灵，尤须贯串。气宜鼓荡，神宜内敛。毋使有凹凸处，毋使有断续处。其根在脚，发于腿，主宰于腰，形于手指。由脚而腿而腰，总须完整一气，向前退后，乃得机得势。有不得机势处，身便散乱，必至偏倚，其病必于腰腿求之，上下前后左右皆然。凡此皆是意，不在外面。有上即有下，有前即有后，有左即有右。如意要向上，即寓下意。若将物掀起，而加以挫之之力，斯其根自断，乃坏之速而无疑。虚实宜分清楚，一处自有一处虚实，处处总此一虚实，周身节节贯串，勿令丝毫间断耳。长拳者，如长江大海，滔滔不绝也。十三势者，掤捋挤按采挒肘靠，即坎、离、震、兑，四方正也，乾、坤、艮、巽，四斜角也，此八卦也。进步、退步、左顾、右盼、中定，此五行也。

掤捋挤按，即坎离震兑，四正方也。采挒肘靠，即乾坤艮巽，四斜角也。进退顾盼定，即金、木、水、火、土也。

## 中国太极拳内操外为之原则

封真而后　丹道——丹成九转、金风吹脉、金气朝元
太极问世　武功——诸种武学、杀法、操演内外行功
统一　太极起源　武学改良

内操——外为

行气循经、潜气内行　周经修脉 | 以柔寓刚、动作合于脉流　化惊刚为缓柔

以气催形、运化水谷之精
内外如一、造作身心之宜

在内者气 | 在外者形

古有行气之法而内操　武林操演之术施之于外运

自悟而明　行内操而求于丹道作合 | 潜形而修　外形亦隐武学潜传

在天者日月　在人者阴阳 | 在己者运转自如　舍己从人，知己知彼
日月循天　阴阳相推 | 自身感传　内外相应
天地为宇宙　人身是乾坤 | 以武演道　以术见道

阴阳生万物，归经纳甲——五行、八卦、外行相因合为十三式
天体——脉道——循经、行云流水、演化招术

人天合一　子午升降 | 如环无端　以穷天道
四季昼夜　水火相推 | 变化无穷　太极之理

丹成九转 | 十三式行功

道 | 武

天地应人，有律有序　予正真元之性 | 手足四肢百骸，内外相因　以运操武之修

由道悟真　期之以慧照　以神意气血为用　以武演道（强健身心）享之以天年

通达人事，历尽修为，古今宗传，体脉分明，操武行气，运化天真，以太极而修真，以操演复岁月，期之造化，道武合真。

## 太极拳经

王宗岳

太极者，无极而生，动静之机，阴阳之母也。动之则分，静之则合，无过不及，随曲就伸。人刚我柔谓之走，我顺人背谓之粘。动急则急应，动缓则缓随，虽变化万端，而理为一贯。由着熟而渐悟懂劲，由懂劲而阶及神明。然非用力之久，不能豁然贯通焉。虚领顶劲，气沉丹田，不偏不倚，忽隐忽现。左重则左虚，右重则右杳。仰之则弥高，俯之则弥深。进之则愈长，退之则愈促。一羽不能加，蝇虫不能落。人不知我，我独知人。英雄所向无敌，盖皆由此而及也。斯技旁门甚多，虽势有区别，概不外壮欺弱，慢让快耳。有力打无力，手慢让手快，是皆先天自然之能，非关学力而有为也。察“四两拔千斤之句”，显非力胜，观耄耋能御众之形，快何能为?立如平准，活似车轮。偏沉则随，双重则滞。每见数年纯功，不能运化者，率皆自为人制，双重之病未悟耳。欲避此病，须知阴阳。粘即是走，走即是粘。阳不离阴，阴不离阳，阴阳相济，方为懂劲。懂劲后，愈炼愈精，默识揣摩，渐至从心所欲。本是舍己从人，多误舍近求远。所谓差之毫厘，谬之千里，学者不可不详辨焉。是为论。

### 太极拳释名

太极拳，一名长拳，又名十三势。长拳者，如长江大海，滔滔不绝也。十三势者，掤捋挤按采挒肘靠进退顾盼定也，掤、捋、挤、按，即坎、离、震、兑，四正方也。采、挒、肘、靠，即乾、坤、艮、巽，四斜角也，此八卦也。进步、退步、左顾、右盼、中定，即金、木、水、火、土也，此五行也。一着一势，均不外乎阴阳，故又名太极拳。

**学太极拳须敛神聚气论**

太极之先，本为无极鸿蒙一气，混然不分，故无极为太极之母，即万物先天之机也。二仪分，天地判，始成太极。二气为阴阳，阴静阳动，阴息阳生。天地分清浊，清浮浊沉，清高浊卑。阴阳相交，清浊相媾，氤氲化生，始育成物。人之生世，本有一无极。先天之机是也。追入后天，即成太极。故万物莫不有无极，亦莫不有太极也。人之作用，有动必静，静极必动，动静相因，而阴阳分，浑然一太极也。人之生机，全恃神气。气清上浮，无异上天。神凝内敛，无异下地。神气相交，亦宛然一太极也。故传我太极拳法，即须先明太极妙道。若不明此，非吾徒也。太极拳者，其静如动，其动如静。动静循环，相连不断，则二仪即交，而太极之象成。内敛其神，外聚其气，拳未到而意先到，拳不到而意气亦到。意者，神之使也。神气即媾，而太极之位定。其象即成，其位即定。氤氲化生，而演为七十二之数。太极拳总势十有三。掤捋挤按采挒肘靠，进步退步右顾左盼中定。按八卦五行之生克也。其虚灵、含拨、松腰、定虚实、沉坠、用意不用力、上下相随、内外相合、相连不断、动中求静，此太极拳之十要。学者之不二法门也。学太极拳为入道之基。入道以养心定性，聚气敛神为主。故习此拳，亦须如此。若心不能安，性即扰之。气不外聚，神必乱之。心性不相接，神气不相交，则全身之四体百脉，莫不尽死。

虽依势作用，法无效也。欲求安心定性，敛神聚气，则打坐之举不可缺，而行功之法不可废矣。学者须于动静之中寻太极之益，于八卦五行之中求生克之理，然后混七二之数，浑然成无极。心性神气，相随作用，则心安性定。神敛气聚，一身中之太极成，阴阳交，动静合，全身之四体百脉，周流通畅，不黏不滞，斯可以传吾法矣。

**太极行功说**

太极行功，功在调和阴阳，交合神气。打坐即为第一步下手功夫。行功之先，犹应治脏，使内脏清虚，不着渣滓。则神敛气聚，其息自调。进而吐纳，使阴阳交感，浑然成为太极之象。然后再行运各处功夫。冥心兀坐，息思虑，绝情欲，保守真元，此心功也。盘膝曲股，足跟紧抵命门，以固精气，此身功也。两手紧掩耳门，叠指背弹耳根骨，以被动风池邪气，此首功也。两手擦面，待其热，更用唾味偏摩之，以治外侵，此面功也。两手按耳轮，一上一下摩擦之，以清其火，此耳功也。紧合其睫，睛珠内转，左右互行，以明神室，此目功也。大张其口，以舌搅口，以手鸣天鼓，以治其热，此口功也。舌抵上腭，津液自生，鼓漱咽之，以润其内，此舌功也。叩齿三十六，闭紧齿关，可集元神，此齿功也。两手大指，擦热揩鼻，左右三十六，以镇其中，此鼻功也。即得此行功奥窍，还须正心诚意，冥心绝欲，从头做去，始能逐步升登，证悟大道，长生不老之基，即胎于此。若才得太极拳法，不知行功之奥妙，挈置不顾，此无异炼丹不采药，采药不炼丹。莫道不能登长生大道，即外面功夫，亦决不能成就。必须功拳并练。盖功属柔而拳属刚，拳属动而功属静，刚柔互济，动静相因，始成为太极之象。相辅而行，方足致用，此练太极拳者，所以必先知行功之妙用。行功者，所以必先明太极之妙道也。

### 太极行功歌

两气未分时，浑然无极。阴阳位即定，始有太极出。人身要虚灵，行功主呼吸。呵嘘呼呬吹，加嘻成六字。六字意如何，治脏不二诀。治肝宜用嘘，嘘时睁其目。治肺宜用呬，呬时手双托。心呵顶上叉。肾吹抱膝骨。脾病一再呼，呼时把口嘬。仰卧时时嘻。三焦热退郁。持此行内功，阴阳调胎息。大道在正心，诚意长自乐。即此是长生，胸有不死药。

### 行功十要

面要常擦，目要常揩，耳要常弹，齿要常叩，背要常暖，胸要常护，腹要常摩，足要常搓，津要常咽，腰要常揉。

### 行功十忌

忌早起科头，忌阴室纳凉，忌湿地久坐，忌冷着汗衣，忌热着晒衣，忌汗出扇风，忌灯烛照睡，忌子时房事，忌凉水着肌，忌热火灼肤。

### 行功十八伤

久视伤精，久听伤神，久卧伤气，久坐伤脉，久立伤骨，久行伤筋，暴怒伤肝，思虑伤脾，极忧伤心，过悲伤肺，至饱伤胃，多恐伤肾，多生伤腰，多言伤液，多睡伤津，多汗伤阳，多泪伤血，多交伤髓。

## 十三势行功歌诀

十三总势莫轻视，命意源头在腰隙。
变转虚实须留意，气遍身躯不稍滞。
静中触动动犹静，因敌变化示神奇。
势势存心揆用意，得来不觉费功夫。
刻刻留心在腰间，腹内松静气腾然。
尾闾中正神贯顶，满身轻利顶头悬。
仔细留心向推求，屈伸开合听自由。
入门引路须口授，功夫无息法自修。
若言体用何为准，意气君来骨肉臣。
详推用意终何在，益寿延年不老春。
歌兮歌兮百四十，字字真切义无遗。
若不向此推求去，枉费功夫贻叹息。
掤捋挤按须认真，上下相随人难进。
任他巨力来打我，牵动四两拨千斤。
引进落空合即出，粘连黏随不丢顶。

### 十三势行功心解

以心行气，务使沉着，乃能收敛入骨；以气运身，务令顺遂，乃能便利从心。精神能提得起，则无迟重之虞，所谓顶头悬也；意气须换得灵，乃有圆活之趣，所谓变动虚实也。发劲须沉着松静，专注一方；立身须中正安舒，支撑八面。行气如九曲珠，无微不到；运劲如百炼钢，何坚不催。形如搏兔之鹄，神似捕鼠之猫。静如山岳；动若江河。蓄劲如张弓，发劲如放箭。曲中求直，蓄而后发。力由脊发，步随身换。收即是放，连而不断。往复须有折叠，进退须有转换。极柔软然后极坚刚；能呼吸然后能灵活。心为令，气为旗，腰为纛。先求开展，后求紧凑，乃可臻于缜密矣。又曰：先在心，后在身。腹松净，气敛入骨，神舒体静，刻刻在心。切记一动无有不动，一静无有不静。牵动往来气贴背，敛入脊骨，内固精神，外示安逸。迈步如猫行；运劲如抽丝。全身意在精神，不在气，在气则滞；有气者无力，无气者纯刚。气若车轮，腰如车轴。

## 十三势行功心解

以心行气，务使沉着，乃能收敛入骨，所谓命意源头在腰隙也。意气须换得灵，乃有圆活之趣，所谓变换虚实须留意也。立身中正安舒，支撑八面，行气如九曲珠，无微不到，所谓气遍身躯不稍滞也。发劲须沉着松静，专注一方，所谓静中触动，动中犹静也。往复须有折叠，进退须有转换，所谓因敌变化示神奇也。曲中求直，蓄而后发。所谓势势存心揆用意，刻刻留心在腰间也。精神能提得起，则无迟重之虞，所谓腹内松净气腾然也。虚灵顶劲，气沉丹田，不偏不倚，所谓尾闾中正神贯顶，满身轻利顶头悬也。以气运身，务令顺遂，乃能便利从心，所谓屈伸开合听自由也。心为令，气为旗，神为主帅，腰为驱使，所谓意气君来骨肉臣也。又曰：身虽动，心贵静。气须敛，神宜舒，心为令，气为旗，神为主帅，身为驱使，刻刻留意，方有所得。先在心，后在身，在身则不知手之舞之，足之蹈之，所谓一气呵成，舍己从人，引进落空，四两拨千斤也。须知一动无有不动，一静无有不静，视动犹静，视静犹动，内固精神，外示安逸。须要从人，不要由己；从人则活，由己则滞。尚气者无力，养气者纯刚。彼不动，己不动，彼微动，己先动，以己依人，务要知己，乃能随转随接；以己粘人，必须知人，乃能不后不先。精神能提得起，则无迟重之虞，粘依能跟得灵，方见落空之妙。往复须分阴阳，进退须有转合。机由己发，力从人借。发劲须上下相随，乃一往无敌；立身须中正不偏，方能八面支撑。静如山岳，动若江河，迈步如猫行，运劲如抽丝，蓄劲如张弓，发劲如放箭，行气如九曲珠，无微不到；运劲如百炼钢，何坚不催。形如搏兔之鹄，神似捕鼠之猫，曲中求直，蓄而后发。收即是放，连而不断。极柔软，然后能极坚刚；能粘依，然后能灵活。气以直养而无害，劲以曲蓄而有余。渐至物来顺应，是亦知止能得矣。又曰：每一动，惟手先着力，随即松开，犹须贯串一气，不外起承转合，始而意动，继而劲动，转接要一线串成。气宜鼓荡，神宜内敛，勿使有缺陷处，勿使有凹凸处，勿使有断续处。其根在脚。发于腿，主宰于腰，形于手指。由脚而腿而腰，总须完整一气，向前退后，乃得机得势。有不得机得势处，身便散乱，必至偏倚，其病必于腰腿求之，上下前后左右皆然。凡此皆是意，不在外面。有上即有下，有前即有后，有左即有右。如意要向上，即寓下意。若将物掀起，而加以挫之之力，斯其根自断，乃坏之速而无疑。虚实宜分清楚，一处自有一处虚实，处处总此一虚实，周身节节贯串，勿令丝毫间断耳。

## 十三势行功心解注解

以心行气，务使沉着，乃能收敛入骨；以气运身，务令顺遂，乃能便利从心。

心为身之枢纽，意为心之表形，气即心意发动之原料；故机枢一动，全部运行，所以心意之所至，气亦心随之而至，惟意至然后可以行气；意要沉着，其气方能收敛入骨；用功久纯，自可以气运身；但气之所到，不可使有阻滞，悟乎此，由往来变动，无不从心矣。

精神能提得起，则无迟重之虞，所谓顶头悬也；意气须换得灵，乃有圆活之妙，所谓变动虚实也。

太极拳最重精神，故贯神于顶，气乃下沉于丹田，精神由此焕发，动作从心，自无迟滞之虞矣。与敌相黏，尤贵随机换意，不用拙力，乃得灵通，如是，则虚实变换，无不如意，所以有圆活之妙也。

发劲须沉着松静，专注一方；立身须中正安舒，支撑八面。

此言发劲时，心意手足，均须沉着；因无杂念则意净，无拙力则体松，而精神贯注，无论敌方如何袭击，皆能随意应付。顶头悬则身中正；气下沉则体安舒，故一片稳定，自可支撑八面；八面者，即“四正”“四隅”也。

行气如九曲珠，无微不到；运劲如百炼钢，何坚不摧。

四肢百体，虽至细微处，若意有所注，气无不到，有似珠之圆滑，故力无不化。太极之运动，在表面观，似不着力，但劲自内发，最无穷尽，如百炼之钢，无坚不摧。

形如搏兔之鹄，神似捕鼠之猫。静如山岳；动若江河。

动作变换之形状，如凌空搏兔之鹄，盘旋莫定；凝神蓄势而待发，似伏地捕鼠之猫，相机便至。不动如山岳，喻其稳实不浮也；动若江河，喻其气动不断也。

蓄劲如张弓，发劲如放箭。曲中求直，蓄而后发。力由脊发，步随身换。

张弓如望（十五日）月，此言蓄劲之满；放箭若流星，是谓发劲之速。以柔化人之刚曰曲，敌刚既化，我心乘机往攻，劲发而得直矣。沉肩贯气，力由脊发，而及指端；步法则随身转动，变换不定。

收即是放，连而不断。往复须有折叠，进退须有转换。

收即黏化，放为击敌。故能化人者，方能击人。惟击人之时，其劲似断，但其意能复黏。折叠者，即内外变化之作用也。其往来之折叠，虚实不定，而有变化；步法须要变换，进退方得如意。

极柔软然后极坚刚，能呼吸然后能灵活。气以直养而无害；劲以曲蓄而有余。

太极拳以柔为刚，演习之时，极柔缓者，其劲愈长，其气至刚，故天下之至柔者，能至刚也。呼吸即气之出纳。善养气者，必能直引而归于丹田，然后周于全体，意到气到，四肢灵活，而无神态呆滞之弊，所谓浩气常存，用之则行也。遇敌时，曲蓄其劲以待发，不发则已，一发而莫之能御也。

心为令，气为旗，腰为纛。先求开展，后求紧凑，乃可臻于缜密矣。

心为主帅，用以发号施令也；气为旗官，用以传达命令也；四肢之运用，以腰为中军，乃纛之所在，用以监督左右前后而攻敌也。凡练架子及推手，均要开展得法，各部动作，始能接应如意；所谓求紧凑者，即由大圈以归小圈，无圈则是藏于密也；惟功夫精纯者，乃可以言此，即能“收、放”之意而已。

又云：先在心，后在身。腹松净，气敛入骨，神舒体静，刻刻在心。切记一动无有不动，一静无有不静。

太极拳以心意为机枢，以身体为机件，故先心意而后身体。腹任自然则松，无杂念则净，其气自能收敛入骨，故神安体静，应变整暇而不慌乱。表里联成一气，所以有动则俱动，静则俱静之功效也。

牵动往来气贴背，敛入脊骨，内固精神，外示安逸。迈步如猫行；运劲如抽丝。

与人较技时，因往来角逐之牵动，易犯躔（chán）轻气浮之病，故须沉气贴背，敛于脊骨，则力由脊骨趋出，运行于各部，神固体逸，自能示人以镇静。步法取猎行之联络姿势；运动若抽丝之贯串不断。

全身意在精神，不在气，在气则滞；有气者无力，无气者纯刚。气若车轮，腰如车轴。

太极拳专尚精神，不尚气力，彼尚气力者，必为浊气与拙力而已。故善养气者，当以腰为发劲之中枢，气为轮，若轴之贯轮旋转，运输以及全身，而无丝毫之阻滞。

**打手歌注释（按：打手即推手也）**

掤捋挤按须认真，上下相随人难进，任他巨力来打我，牵动四两拨千斤！引进落空合即出，粘连黏随不丢顶。

“掤捋挤按”四字，均按照师传之规矩，丝毫不能违识！练久功深，方能上下相随，一动无有不动，敌不能进攻，彼虽以巨力打来，略为牵动，则我之四两，自可拨彼千斤！当其用力时，方向必不能变，我即随彼之方向而引进，彼自落空矣。然必须粘、连、黏、随，不丢，不顶，乃克臻此也。

又曰：彼不动，己不动；彼微动，己先动。劲似松非松，将展未展，劲断意不断。

打手时，静待敌势，彼不动，我亦不动，彼如微动，必有方向，我意在彼先，随其方向而先动，则彼必跌出矣；故敌用力愈大，受跌亦愈重也。未动时，一种凝神蓄势之姿态，意似松而未松，劲将展而未展，遇机放劲；放时，劲似断而意仍不断也。

以上先师遗著，已将太极拳精微奥妙之处，阐发无遗，因欲求显浅，以便后之有专斯道者，故略加注释，以为入门之助云尔。

## 擎引松放四字

擎开彼劲借彼力。（中有灵字）引到身前劲始蓄。（中有敛字）

松开我劲勿使屈伸。（中有静字）放时腰脚认端的。（中有整字）

## 走架打手行工要言

昔人云：能引进落空，便能四两拨千斤。不能引进落空，便不能四两拨千斤。语甚概括。初学未由领悟，予加数语以解之，俾有志斯技者，得所从入，庶日进有功矣。欲要引进落空，四两拨千斤，先要知己知彼。欲要知己知彼，先要舍己从人。欲要舍己从人，先要得机得势。欲要得机得势，先要周身一家。欲要周身一家，先要周身无有缺陷。欲要周身无有缺陷，先要神气鼓荡。欲要神气鼓荡，先要提起精神。欲要提起精神，先要神不外散。欲要神不外散，先要神气收敛入骨。欲要神气收敛入骨，先要两股前节有力。两肩松开，气向下沉，劲起于脚根，变换在腿，含蓄在胸，运动在两肩，主宰在腰。上于两膊相击，下于两腿相随，劲由内换。收便是合，放即是开。静则俱静，静是合，合中寓开。动则俱动，动是开，开中寓合。触之则旋转自如，无不得力，才能引进落空，四两拨千斤。平日走架是知己工夫。一动势先问自己周身合上数项否。少有不合，即速改换。走架所以要慢，不要快。打手是知人功夫。动静固是知人，仍是问己。自己按排得好，人一挨我，我不动彼丝毫。趁势而入，接定彼劲，彼自跌出。如自己有不得力处，便是双重未化。要于阴阳开合求之。所谓知己知彼，百战百胜也。

# 附录二：有关中国循经太极拳二十四式的谱文

## 中国循经太极拳二十四式操演谱文

天地阴阳妙相生，本是动静咸化成。
太极为宗传武势，遍撒华夷焕春风。
太极开拳移左步，前抬两臂吊腕平。
切腕仰掌姿下沉，坐胯屈膝气合生。
野马分鬃身右转，左手托球右肘横。
上下掌心同一峙，两掌互唤抱球生。
左足尖收右脚侧，凤点头化腿提龙。
前托左掌进左足，左腿为弓右腿平。
前行虎口并金脉，后按胯侧合心经。
左转身姿横左肘，右凤足落左足踵。
左掌按球右掌托，复出右脚虎换龙。
右化托掌身前出，左化按塌左跨封。
左蹬右弓稳两足，前后双撑期中庭。
转换身姿右抱球，左为托掌右肘横。
左凤足点右足侧，前展左足虎步腾。
太极抱球开双掌，前托后按达通灵。
托掌斜行金风响，按掌降气掩胯封。
右进半步宣虎坐，左出半步肝脾应。

双手抱印护襟胸，正展身姿神气升。
左右横开抚琴手，白鹤亮翅用意撑。
左下切掌行心气，右扬托掌运金风。
身形右转收左足，左掌扶封金肘横。
右齐听宫进左步，右为虎坐左腿平。
左掌搂膝肘横撑，身姿前移虎换龙。
右掌直取金宫地，前按指掌右腿蹬。
如此左转换身形，右手搂膝左掌腾。
复将身姿再右转，往返三换丁甲封。
右进半步换虎行，左出半步足放平。
左化扶封身前处，右掌后移合中宫。
手挥琵琶虎右坐，掌持前后挫敌锋。
倒卷肱法身退行，倒插前足落后踪。
右手后举通金气，两臂分争掌上擎。
后手前去化穿掌，前手后举托掌成。
后移左臂并左足，右臂右足亦同行。
坠身退走转腕变，连环四步倒转肱。
将身右转退左足，混元球托左掌中。
上合右手平肩肘，前出左足运虎龙。
右手随势右下按，前掤左手齐肩胸。
十指前穿虚合掌，虎坐右翼捋要轻。
左掤右挤驰复前，太渊六脉细心听。
袖底藏有混元象，双掌前按法亦精。
回展身姿右后移，左抱球式左肘横。
右化托掌倾左位，右凤足落左足宫。
前掤右手进右足，换将虎踞化龙踪。

揽雀尾分左右脉，掤捋挤按四法明。
内扣右足身左转，横运太极臂左倾。
易理大象复右环，左收风足立右踵。
右起吊腕并勾手，左化单鞭前击应。
前倚左足成弓状，后持虎足换龙腾。
横行跨走自轻灵，左行虎坐右足平。
进手轮生呈有象，三步三跟合行踪。
云手双环通玄迹，进身摇脊任纵横。
左穿右撞右坐虎，左撞右穿虎左逢。
勾云拿月云盘手，三阳化力复按攻。
单鞭一式重返顾，霹雷掌法震当胸。
勾手后化托掌起，右足半步跟前踵。
更令穿掌胸前占，回抽右手封丹宫。
回提右足凤点头，两掌前抄斩双锋。
分化双掌并开合，右蹬脚起玉柱倾。
右足收做提龙腿，双托掌在膝上横。
龙姿进步换金锤，双风贯耳着法灵。
横开两掌转身形，左足右收乘提龙。
双掌合抱护金鉴，提龙腿起左前蹬。
蹬脚复落中宫处，两掌紧收固金风。
右执勾手三阳俱，金刀金肘左横胸。
左遂仆腿削金玉，紫燕抄萍下沉峰。
纵身提足金鸡立，提膝上打偃月宫。
金锋穿掌随膝至，左足浑立左手封。
左起勾手三阳俱，右撤扶封切肘横。
虎狻移身金顶落，削金截铁不可轻。

腾身左起提龙腿，右足独立展双锋。
落下左足上右足，虎步左肘平肩封。
右化托掌齐左位，一上一下抱球生。
内旋球法分左右，双掌摇身虎换龙。
右行托掌滚肘架，下藏左掌撞中宫。
左足超越右足锋，右抱球持右肘横。
左掌上翻横肘降，右掌遂按穿梭声。
海底针蹲右坐虎，虚点左足落地轻。
左掌撤在膝边护，右用穿掌直下冲。
闪通臂起左步腾，龙形虎跃右足蹬。
右手护头横架肘，立出左掌托架功。
转身搬拦捶三更，虎换龙威身展形。
右反砸锤降肘式，左手右拦金肘横。
左进一步纵其力，挺身后足乘势蹬。
三阳气贯左右脚，右握金锤击不空。
左化穿掌神门下，左右两掌托化成。
回展混元球玄转，如封似闭扑按攻。
右转身姿展右臂，两掌开合照前胸。
收拢右足身站立，两腿微立期正中。
双掌外翻两侧落，太极合手式完成。
二十四式心意会，体松气固神要宁。
太极行拳操演后，体魄康健自有情。

## 中国循经太极拳二十四式全体大用篇谱文

太极拳法意相连，招招式式细经研。

守定中宫无极势，无形无象养真元。
太虚太极呈有象，阴阳动静操做拳。
古传拳经十三式，今作简化续前源。
开拳阴阳起太极，三阳上崩双仪环。
太极吊球蕴玄机，双切腕法镇中原。
太极荡球掌前顾，十指采挒左右悬。
野马分鬃抱球起，球掩横肘肘齐肩。
凤足点在虎足侧，托球掌藏腋下缘。
凤换虎足展龙姿，托掌前掤齐胸间。
扶球手化塌掌下，左右三循龙在前。
白鹤亮翅右虎坐，两手抱印脉合全。
上下翻飞切掌挑，少阴心经气脉圆。
搂膝拗步虎坐宣，扶封掌持金肘悬。
下行搂膝掌后移，上过听宫指前穿。
穿掌化按金钟响，转身横肘又同前。
丁甲云封三才俱，左右搂膝虎龙蟠。
右进半步出半步，手挥琵琶动金弦。
断肘折肱擒拿闭，金锋掌法上下连。
坠坐虎步身退还，倒卷肱法后做前。
手足同展担山势，退行四步乘连环。
虎势右峙非等闲，右横金肘抱球圆。
左腾虎步擒龙姿，左掌前掤正当先。
搭手捋开龙换虎，回身挤手龙在前。
撤手后坐换虎形，龙行虎按神气全。
揽雀尾势左右展，左峙虎势球左悬。
掤捋挤按四法备，右掤左捋虎左还。

翻掌腕打并勾手，三阳力至滚单鞭。
左掌直撞金锋脉，手足同威顾三前。
云手三环行三步，横虎横龙左右旋。
双掌云挥摇身脊，勾云拿月金蛟剪。
单鞭再接高探马，穿掌罩面气要圆。
前穿左掌拦手刺，回收右掌护丹田。
两掌开合双锋斩，手脚齐进达身前。
凤点头佩提龙腿，进步蹬脚玉柱掀。
双风贯耳自古传，提龙腿上架双拳。
金顶奎牛通督脉，三阳崩发力最全。
转身蹬脚腹上占，两掌同展护摆莲。
单鞭下势削金铁，虎狻移身封肘肩。
提膝上打致命处，半阴半阳掌单悬。
古称金鸡独立势，左右双打上下翻。
左右穿梭抱球含，横肘上扬掌托天。
内旋球法左右位，下掩龙雷撞掌参。
斜走四宫封四隅，掤滚上架铁甲环。
只因此法轻灵便，唤做穿梭玉女传。
海底针要躬身就，下用穿掌惊丹源。
忽然上封金阙顶，右翻横肘闯金乾。
闪通背上托架功，身取龙姿见真诠。
进步搬拦肋下使，反砸外降封肘拳。
三阳气会身手足，右握金锤崩惊团。
左取穿掌救右急，左右两手护正颜。
如闭似闭云环持，化做撞掌动金玄。
右转身姿合双掌，十字手封金轮前。

两掌外翻复下落，身姿微立收真元。
真气循通廿四式，三昧精神气敛全。
周经百脉无休歇，一气通真太极拳。
先师传拳经范势，后学拳经证前源。
全体大用意为主，宣合百脉自通玄。
有法有术名太极，阴阳动静气血宣。
神意相合全武道，天下英豪尽延年。

## 中国循经太极拳二十四式内脉循经谱文

太极拳法古今传，内隐玄奥要审诠。
气脉宣通十二经，养真泛武翻作拳。
太乙气化冲壬督，气血阴阳走循缠。
二十四式虽简化，循经内脉葆真元。
神意相合参动静，无极生在太极前。
阴阳未判真种出，意催身姿动静闲。
太极开宗起手势，三阳并起通上玄。
手三阳经宣真力，双吊球势气最圆。
十指虚合畅玄机，两掌三昧延宗传。
平身降气抖神威，双切腕法壮丹田。
老祖断凳气下沉，期身正直撑三环。
粘连黏随不丢顶，惊弹崩炸走螺旋。
气化三阳生真力，拳依六合乘金玄。
丹田内转荣金气，左右二脉任循缠。
野马分鬃宣虎坐，势藏挤撞平肘肩。
两手抱球阴阳合，天地相应神意添。

按掌玄英动大指，中府云门紧相连。
托掌心经居肝脾，外展金风正循传。
凤点头气宗大趾，下逢二脉透脾肝。
后坐分蹬纵虎势，前平虎足肝脾宣。
身纵虎踞换龙姿，金封托掌虎在前。
始展双锋金风至，后按肺脉共心传。
抱球复将阴阳聚，混元太极又循缠。
左右开真舒肝脾，上调离火奏金弦。
白鹤亮翅右坐虎，虎步凤头助肾元。
两掌同将中宫护，心肺交融在襟前。
黄婆脾土胃堪真，印掌虚合顾中原。
上有真华降海底，下有神水升至颠。
双掌横开抚琴功，右举金锋下火炎。
切掌离宫尊小娘，火练真金紫气悬。
搂膝经运丁甲全，左右循宫气血圆。
上齐腮耳金锋动，转用心经五指前。
下执金诀绕膝过，虎跃龙腾肾水环。
摇身晃脊气脉生，命门灵台正应源。
横肘云封三才势，左右搂膝虎龙旋。
上动剑气并离火，下行真水达乾元。
手挥琵琶聚坎水，外应六合见经传。
煅平神火乾金势，太阴上下溶一团。
长持虎威壮腰腿，内滋肾气育真元。
平送眉目降肝火，静运金风期永年。
倒卷肱法后做前，前后一字臂横担。
乘取通背担山势，坠坐虎步身退还。

腰胯肩脊壮真力，左循右缠神在前。
上下循经经子午，右进左出气缠旋。
揽雀尾要势经拳，挤按掤捋守腰间。
后宣坐虎因命门，侧抱球式左右权。
托掌掤起金钟响，心肺肝脾五行全。
捋挤二法生气象，虎踞龙腾趁往还。
龙虎夺势尝进退，退身方显虎坐宣。
进势挤按虎换龙，全策再审大用篇。
三阳气化同雷震，勾手吊腕滚单鞭。
云手三循撑云环，横行龙虎势要圆。
子午云掌摇脊过，上下相随气需缠。
三阳化力挤崩肘，肩胯封敌夺身前。
三环进步得攻手，金蛟云月任往还。
单鞭后宣虎坐势，高探马取拦手穿。
肾元双升运真水，金锋掌刺力更坚。
右蹬脚藏提龙腿，凤点头起掌在前。
手足循经合真力，蹬脚击敌软肋间。
收足提膝身正立，双风贯耳扣双拳。
进取三阳聚金鼎，宣通督脉冲上元。
转身蹬脚起左足，同挥双掌护摆莲。
下势赴腿分跨虎，勾手穿掌力横担。
纵身金鸡独立站，膝打挑掌朱陵参。
穿梭参做抱球姿，金风离火自周悬。
托掌外翻运心脉，按掌前推奏金弦。
海底针要躬身就，左封右刺取丹田。
闪通背势左为攻，身腾龙姿掌转旋。

右翻横肘封金顶，右腿蹬送左在前。
上扬翻手金催火，龙形推掌撞金团。
进步搬拦降肘式，右砸左拦龙虎全。
右足上前横金肘，后足蹬时贯右拳。
如封似闭洗腕缠，掌趁金宫顾盼间。
双抄掌拢合天地，十字手挥正胸前。
两掌下落收招式，合神会脉敛真元。
外周拳脚廿四式，内应百脉气血宣。
行拳凝神开文武，经运内脉自循缠。
初知内脉循经注，再审祥和血气源。
十二经行太极轮，八脉奇经自循传。
以武弘仁证玄机，以神推脉期天然。
感而遂通精斯道，艺精于勤费经研。
展转相习无休歇，精意揣摩见真诠。
古传太极练神意，经研内脉效前贤。
太极操练天行健，始知太极非等闲。

乙卯九月初四

## 中国循经太极拳二十四式武学概谱

太极起势阳气升，双腕挑打吊球成。
左右采挒取肘肱，上崩下砸将势封。
身蹲后足宣虎坐，前腿放平纵虎行。
前足落定身前移，龙姿就势后足蹬。
龙行虎步相交峙，动静阴阳虎换龙。
虎形进前回头打，直冲龙姿闯前踪。

野马分鬃抱球姿，托掌上映金肘横。
足尖点落凤点头，提膝提足势提龙。
上下抱球阴阳分，阴阳掌法各不同。
托掌滚发掤臂起，横肘急切降肘崩。
正应腋下金挑掌，上掌下塌力正洪。
直冲中宫夺其局，侧踏边锋胯外行。
上手进足同一侧，肩腋两侧取背胸。
撤放二诀乘机使，左右连环不可逢。
白鹤亮翅挑打胸，下切上展酒旗红。
搂膝拗步三才势，封膝闭胯过听宫。
进步后追龙雷掌，云封直透响朱陵。
手挥琵琶穿化精，擒拿封闭断肘肱。
倒转肱法坠身退，穿掌罩面挫敌锋。
揽雀尾分左右脉，掤捋挤按顺转行。
龙腾虎坐纵其势，二脉交宫虎换龙。
捋挤二法趁机使，掤按应机审虚灵。
勾手吊腕三阳力，单鞭一掌泰山惊。
云手变化隐玄通，三进三合臂上攻。
勾云拿月云盘手，上下旋缠金肘横。
七星挂壁金蛟剪，左右用法一般同。
再合单鞭连手使，神武铜雷震当胸。
高探马上拦手刺，右蹬脚起玉柱倾。
双风贯耳高天下，金锤斗钻震听宫。
转身蹬脚腹上占，单鞭下势伏虎龙。
横肘切掌削金铁，挺身独立金鸡鸣。
提膝上打致命处，下伤二足难留情。

玉女穿梭隅方变，斜行御敌四角封。
海底针要躬身就，金锋掌刺金丹庭。
闪通背起托天手，斜身横架闯龙形。
搬拦锤打降肘势，右搬左拦龙虎迎。
连珠三势藏变化，手执玄锤肋下生。
如封似闭顾盼定，全凭两手护正中。
十字手法变不尽，开合顾盼运神明。
两掌外落合太极，二十四式操练成。
前取诸法参古意，今演简化寄有形。
此谱应作蒙教化，育彻初学权武情。
遇敌上前迫近打，仔细钻研待艺精。
习武尚需真传授，式式法法要记清。
文武之理浑为一，分厘不错细审听。
展卷操拳会古意，莫让岁月等闲更。